《岭南文化书系》编委会名单

岭南文化书系

潮汕文化丛书

潮汕古代名人

郑智勇　欧俊男　吴孟显　吴忠文　编著

暨南大學出版社
JINAN UNIVERSITY PRESS
中国·广州

图书在版编目（CIP）数据

潮汕古代名人/郑智勇，欧俊勇，吴孟显，吴忠文编著. —广州：暨南大学出版社，2011.8（2022.3 重印）
（岭南文化书系·潮汕文化丛书）
ISBN 978 - 7 - 81135 - 929 - 9

Ⅰ.①潮… Ⅱ.①郑…②欧…③吴…④吴… Ⅲ.①名人—生平事迹—潮州市—古代②名人—生平事迹—汕头市—古代 Ⅳ.①K820.865

中国版本图书馆 CIP 数据核字（2011）第 152876 号

潮汕古代名人
CHAOSHAN GUDAI MINGREN
编著者：郑智勇 欧俊勇 吴孟显 吴忠文

出 版 人：张晋升
责任编辑：李 艺
责任校对：何 力
责任印制：周一丹 郑玉婷

出版发行：暨南大学出版社（510630）
电 话：总编室（8620）85221601
营销部（8620）85225284 85228291 85228292 85226712
传 真：（8620）85221583（办公室） 85223774（营销部）
网 址：http：//www.jnupress.com
排 版：广州市天河星辰文化发展部照排中心
印 刷：广州一龙印刷有限公司
开 本：787mm×1092mm 1/16
印 张：9.375
字 数：147 千
版 次：2011 年 8 月第 1 版
印 次：2022 年 3 月第 3 次
定 价：48.00 元

岭南文化书系·前言

五岭以南，素称岭南，岭南文化即岭南地区的人民千百年来形成的具有鲜明特色和绵长传统的地域文化，是中华文化的重要组成部分。由于偏处一隅，岭南文化在秦汉以前基本上处于自我发展的阶段，秦汉以后与中原文化的交流日益频繁。明清以至近代，域外文化不断传入，西学东渐，岭南已经成为传播和弘扬东西方文明的开路先锋，涌现出了如陈白沙、梁廷枏、黄遵宪、康有为、梁启超、孙中山等一大批时代的佼佼者。在20世纪70年代末开始的改革开放的浪潮中，岭南再一次成为试验田和桥头堡，在全国独领风骚。

在漫长的发展过程中，岭南文化形成了兼容、务实、开放、创新等诸多特征，为古老的中华文化的丰富和重构提供了多样态的个性元素和充沛的生命能量。就地域而言，岭南文化大体分为广东文化、桂系文化、海南文化三大板块，而以属于广东文化的广府文化、潮汕文化、客家文化为核心和主体。为了响应广东省委、省政府建设文化大省的号召，总结岭南文化的优良传统，促进岭南文化研究和传播的繁荣，在广东省委宣传部的指导和大力支持下，暨南大学出版社组织省内高等院校和科研机构的专家学者编写了这套《岭南文化书系》，该书系由《广府文化丛书》、《潮汕文化丛书》及《客家文化丛书》三大丛书共30种读本组成，历史胜迹、民居建筑、地方先贤、方言词曲、工艺美术、饮食风尚无所不有，试图从地域分类的角度完整展现岭南文化的风貌和精髓。在编写过程中，我们力图做到阐述对象的个性与共性相统一，学术性与通俗性相结合，图文并茂，雅俗共赏。我们希望这30种图书能够成为介绍和宣传岭南文化的名片，为岭南经济和文化建设的再次腾飞提供可资借鉴的精神资源。

需要说明的是，本书系曾获批为2009年度“广东省文化产业发展专项资金”资助项目，在项目申报和丛书编写过程中，广东省委宣传部的领导多次给予指导，并提出了许多宝贵的意见；中山大学、华南理工大学、华南师范大学、广州大学、韩山师范学院、佛山科学技术学院、韶关学院、嘉应学院以及暨南大学的有关领导和专家学者也给予了大力支持和帮助，在此我们一并致以诚挚的谢意！

《岭南文化书系》编委会

2011年6月18日

目　录

唐宋 名人（9 人）

明代 名人（10 人）

清代 名人（5人）

唐宋名人（9人）

陈元光

陈元光，字廷炬，号龙湖。大约生于唐高宗显庆元年（656），死于唐睿宗景云二年（711）的一次战斗中。

陈元光是初唐时期粤闽交界地区有重要历史影响的人物，他的历史功绩主要集中在平定“蛮獠”动乱以及对漳州的设置与开发上。尽管其事迹和传记新旧两部《唐书》都没有记载，但是陈元光在闽粤地区的确有着重要影响。

陈元光神像
（郑智勇摄）

关于陈元光的身世，历来说法不一。一是雍正九年（1731）的《广东通志》卷四四《人物志·忠烈》说他是揭阳人，后来潮汕地区的地方志也沿袭此说，如乾隆《揭阳县志》就说他“先世家颍川，祖洪为义安丞，因留居为揭阳人”。二是明崇祯（1628—1644）初刊印的何乔远《闽书》卷四〇《君长志》说他是固始人，清代以后的漳州

地方志大体上均取陈元光来自光州固始的说法。三是清乾隆年间编成的《清一统志》卷一七六《光州》则兼取广东揭扬（阳）说与光州固始说。我们这里取“揭阳说”，因乾隆《揭阳县志》所说的“义安”即义安郡，是潮州的前身，其辖地为汉时揭阳县地。陈元光的祖父任义安郡揭阳丞之后留居为揭阳人，故陈元光算得上是揭阳人。

唐高宗总章二年（669），中原地区战事稍停，处于较为和平的时期。但是在泉州和潮州之间却发生了“蛮獠啸乱”。当时，这一区域开发的程度远不及周边浙江、江西等地区，这里居住着众多的南越少数民族，也即史书所称的“蛮獠”。他们在其首领苗自成、雷万兴的带领下，聚众为乱，影响着唐王朝的边疆统治。

为了维护地区安定，朝廷派陈元光的父亲陈政率部到旧绥安县地戍卫。陈政是当时广州扬威府属下的归德将军，拥有一支私人的武装力量，且做事“刚果敢为”，在地方上具有很高的声望，被当地百姓拥为地方首领。陈政、陈元光父子到任后，由于手下兵力不足，只能与蛮獠部队相持对抗，并没有一举平定这场啸乱。为了完成朝廷的平定策略，陈氏父子便扎寨柳营江西部，对啸乱的土著居民“恩威并著”，使得部分啸乱的土著人纷纷归附。在政治策略有效实施后，为了进一步平定这场啸乱，陈氏父子又移师漳浦，肃清尚未归降的潮州土著。他们在军事上对盘踞山林的土著人实行封锁政策，在交通要道上设立关塞。其后又屯兵于梁山之南，对啸乱土著人施加压力。这一策略果然奏效。在随后的战斗中，陈氏军队高奏凯歌，节节胜利，迫使蛮獠不得不逃入深山之中。平蛮之战取得初步胜利。

为了加强军事实力，陈元光父子招募民兵，遂“得五十八姓”。陈元光父子将这些军民迁徙到云霄一带，并实行屯田政策，组织他们开垦耕作，遇到战事，则“共为声援”。这一政策无疑对地区的开发有着深远的意义。

关于“五十八姓”的说法，历来颇有争论。向来认为这是陈元光陷入困境退守九龙江时向朝廷上表请援，朝廷派其两位兄长陈敏、陈敷从中州带来5 600名府兵，其中军校共计58姓。部队赶到浙江时，陈敏、陈敷不幸患病身亡，再由陈政的母亲魏氏带领，南下与陈政父子会合，部队力量的壮大为后来平定啸乱奠定了基础。当然这一说法现在争论很多，有学者认为按照唐朝以前的惯例，大军长驱千里，翻山越岭直赴岭南这是不正常的，加上当时潮州一带人口稀少，无法募集到这么庞大的部队。更有学者认为，按照唐代的兵制、官制，陈政、陈元光父子不可能从光州率领府兵入闽，更可能的是就地招募。至于历史事实到底是怎样的，还需要更多学者的研究和考证。但不管怎样，陈政、陈元光募集军民这一事实倒是很少引起争论的。这支庞大的部队按照唐代的制度，兵农合一，他们不但保卫地方的安全，还参与地方的劳动，对于开发本区域产生了深远的积极影响。

被赶往深山老林中的啸乱土著人并不甘心战事失利，因此平乱战争还在继续着。到唐高宗仪凤二年（677），陈政在战斗中罹难身亡。陈元光即代父位，任怀化大将军岭南行军总管，带领部队继续征战。时年，陈元光仅21岁。

由于常年居住岭南，对地理和气候熟悉，且常年随父亲征战无数，战争经验丰富，治军有方，再加上部众适应严酷的气候，骁勇善战，陈元光的部队战斗能力进一步强化，平乱得力。因此，陈元光受到其时任潮州刺史的常怀德的倚重。

仪凤年间，陈元光还参与了另外一场平乱战争。被称为“剧盗”的崖山人陈谦起兵作乱，攻陷冈州（今新会一带）。这场战乱影响颇大，陈谦部队“遍掠岭左”，使得“闽粤惊扰”。为了平息这场战乱，朝廷命时任循州司马的高琔出兵征伐陈谦，双方各有胜负。唐高宗永隆二年（681），陈谦乱军直驱南海，试图攻陷南海城。这时，潮州的“蛮寇”趁陈谦军作乱，再燃战火，起兵攻陷潮阳，进逼海阳。为了避免粤东西两线作战，高琔令陈元光出兵平定这股蛮寇。陈元光即刻从九龙江挥师南下，在漳浦盘陀岭一带设营立寨，紧急备战。这次，陈元光的战略由强攻改为奇袭。他先开山伐道，然后挥兵突入，直捣寇寨。这一策略果然奏效，俘虏了数万敌兵。尔后，陈元光再进循州，支援高琔部。陈元光历经大小百战，终于平息了这场影响大唐海疆的寇乱，迫使他们投降，实现了这一区域的社会稳定，唐王朝的统治进一步加固。

陈元光在武则天垂拱二年（686）向朝廷上《请建州县表》说：“其本则在创州县，其要则在举庠序”，奏请在泉潮之间，增加设置漳州府，以期长治久安。同年，唐朝廷允准陈元光之请，在泉、潮二州之间设置一州，辖漳浦（义安郡绥安县故地）、怀恩二县，因州治最

初设在今云霄县的西林，西林傍漳江而立，陈元光建州时又为州治，便命州名为漳州。陈元光为漳州第一任刺史。漳州的设立对于民族融合、地区稳定、文化发展有着重要的意义，使得原本战火连连、荒芜落后的漳州地区成为“人物幅辏，文化渐开”的州府。因此陈元光被百姓尊为“开漳圣王”。

睿宗景云二年（711），原来被平定的蛮獠之乱又一次死灰复燃，其余党再一次纠集在潮州作乱。陈元光再次起兵讨伐。此时，陈元光55岁。由于准备不足，陈元光率领轻骑抵御，在战斗中，被蛮将蓝奉高刃伤，殁于军中，归葬绥安溪之大峙原，时景云二年十一月。陈元光战殁的消息传开后，漳潮百姓，满城哀恸。朝廷封其为“豹韬卫镇大将军”。唐玄宗开元四年（716），立庙受祭祀。德宗贞元二年（786），迁九龙里高坡。玄宗开元四年（716），再追封“颖川侯”，谥号“惠毅”，诏立庙，赐乐器、祭器，建威德坊，世代祀之。贞元二年（786），敕将陈元光墓葬于州北九龙里松洲之高坡山，春秋飨祀。墓地径迄于今。自唐以来，除于州治所在地为其立庙崇奉外，历代又续有封赠。如五代封“广济王”；北宋神宗熙宁七年（1074）封“忠应侯”；南宋高宗绍兴十三年（1143）追封“开漳主圣王”，绍兴十六年（1146）又封“灵著王”；明初封“昭烈侯”。漳属各县城乡都有陈元光庙宇，接受民众香火膜拜。此外，海内外各地亦多有祀奉开漳圣王的庙宇，特别是台湾地区更多。

陈元光死后，其子陈珦回漳州主政，子承父志。唐玄宗开元三年（715），陈珦亲自率兵夜袭敌营，斩杀蓝奉高，并俘虏其余党若干，报了杀父之仇。陈珦曾官任翰林承直学士。在漳州主政二十余年间，破除陋习，教诲士民，兴办教育，改善民风，同样受到当地百姓的拥戴。值得一提的是，在唐玄宗天宝元年（742），陈元光的孙子陈酆也莅任漳州刺史，在任29年，社会稳定，人民安居乐业。陈酆死后，陈元光的曾孙陈谟也出任刺史。从陈政到陈元光、陈珦、陈酆、陈谟，陈元光一家世代都和这个地区结下了不解之缘，受到老百姓世代的拥戴和缅怀。

陈元光不但是一位骁勇的战将，而且还是一位才华横溢的诗人。据学者收集，陈元光遗存诗作共50首，多为五言、七言排律。《龙湖集》收录有48首，《漳州府志》等志书收录有2首。另外，《全唐诗》

和《全唐诗外编》收录有7首。陈元光的诗歌风格以雄浑为主，诗歌的主要内容展现了其率领士众南征北战，平剿东南海疆啸乱的社会场景，正所谓“征尘驻马留诗翰”。

大 颠

大颠和尚俗姓陈（一说姓杨），名宝通，是潮汕名刹灵山寺的开创者，也是中唐佛教盛行时期，禅宗曹溪教派一位颇有影响的高僧。作为著名的高僧，他对潮汕地区佛教的发展和其思想的传播起着重要的作用。

公元673年，惠能得受五祖弘忍所传禅宗法嗣，度岭南，于唐高宗仪凤二年（677）居曹溪（今广东曲江）宝林寺说法。大历初年，惠照和尚又从曹溪学法归来，在潮阳西岩讲授佛法。惠照和尚“深契南宗之旨”，“精持戒律”，是一位佛法高深的禅师。在惠照和尚众多赫赫有名的弟子中，大颠和尚是其中的佼佼者。

灵山寺舌塔

（图片来自隗芾·潮汕诸神崇拜.
汕头：汕头大学出版社，1997）

大颠祖籍河南省颍川，唐玄宗开元二十年（732）出生于潮州。他生性灵异，聪颖异常，很小的时候就具有佛缘，超然物外，遁栖山野林烟之中。及长，博通经史。唐代宗大历元年（766），大颠36岁，出家于西岩，与后来南宗另一位著名的禅师药山惟俨一同师事惠照。在从惠照和尚学习佛法期间，他表现出极高的慧根。除了认真听师傅讲法之外，他与惟俨还游历了南岳衡山的山山水水，参悟佛理。这段游历对正在体悟佛法的大颠来说是十分珍贵的。因为这时，他还参谒南宗另一位著名高僧石头希迁禅师。《景德传灯录》卷十四《潮州大颠和尚》条记录了大颠与希迁的一段充满禅学哲理的对话：

石头问道："哪个是你的本心？"

大颠答道："现在正在言语的便是我的本心。"石头便将大颠呵斥出来。

过了十日，大颠问石头："我以前回答的既然不是我的本心，除此之外什么才是我的本心？"

石头道："你除开扬眉瞬目外，将你的本心呈来我看。"

大颠道："实在没有本心可以拿给你看。"

石头道："本来有心，你怎么说无心？如果说无心，尽是谤法。"大颠顿于言下大悟。

过了几天，大颠侍立在石头身边，石头问道："你是参禅的僧人？还是州县白吃斋饭的僧人？"

大颠道："弟子是参禅的僧人。"

石头问道："什么是禅？"

大颠道："禅是扬眉瞬目。"

石头又道："除去扬眉瞬目外，把你的本来面目呈给我看。"

大颠道："请大和尚除去扬眉瞬目外看取。"

石头道："我已将扬眉瞬目除完了。"

大颠道："我将把本来面目呈给大和尚看。"

石头道："你既然将呈给我看，你的本来面目究竟如何呢？"

大颠道："我的本来面目与大和尚的不是大同。"

石头道："我的本来面目与你无关。"

大颠道："本来无物。"

石头道："你也无物。"

大颠道："既然无物，即是真物。"

石头道："真物是不可得到的，你心里的现量意旨正是如此。你要好好护持。"

这段深奥的问答，使大颠对南宗佛法有了更深的体悟，大颠禀赋很高，经石头禅师轻轻点拨即悟道，"得大无畏法"。大彻悟后，大颠

便开始他的弘教生涯。

大颠从南岳游学归来，先是往住持龙川罗浮瀑布岩，后又忙碌地往来潮普各县，开创了白牛岩、西胪乌岩。在惠来县传道数年，大颠创建了不少庙宇，保存至今的尚有虎头岩、百花岩、铭湖岩、榕石永禅寺等。除寺庙之外，今潮汕地区与大颠有关的名胜古迹为数不少，如海丰的法留山、大颠岩，惠来的普陀岩山，均流传着不少关于大颠的故事传说。期间，有暴徒越货，以持刀刺胸为威胁，深得佛法的大颠和尚却巍然不为之所动，将生死置之度外，反倒把暴徒吓出一身冷汗，惶愧而逃。随着大颠和尚的影响越来越大，前来求为门徒的人也越来越多。唐德宗贞元五年（789），大颠带领门人善觉、玄应、智高等开辟的白牛岩容纳不下众多徒众，大颠便在贞元七年（791）到距离潮阳县城25公里的幽岭下，创建灵山寺。宋许申撰《敕赐灵山开善禅院记》称："潮阳灵山之为名山也，寰海耸闻。……如西天之鹫岭，曹溪之宝林，庐陵之清源，福唐之支提……"可见，灵山山水确实灵秀，灵山寺在潮人心中有着很高的地位。

灵山寺建立后，大颠基本栖居于灵山禅院中，一方面继续研究佛典，著书立说；另一方面广收僧徒，弘扬曹溪法旨。据说当年传法者多至千余人，英杰高才，呈一时之盛，其中三平、本空、本生等门生更是慧中秀出之辈，后来都成为颇具影响力的大和尚，"学于师者，其徒实繁。如漳南三平山开岩之僧，即执其侍。得师之道，龙鬼景从"。

大颠最为后人传颂的，不仅仅是他高深的佛学修养，更是他与韩愈的那场辩论。

唐宪宗元和十四年（819），韩愈因谏迎佛骨忤怒宪宗，获罪被贬到潮州当刺史。韩愈一面痛恨和尚装神弄鬼，蛊惑民心，不劳而食，又圈占许多良田，是社会的寄生虫，私下里又和不少僧徒交往。据后来学者统计，和他有过从的僧侣大概有15个之多。所以来潮之前，他已经多少有点知道大颠这么个人物了。

韩愈经过长途奔波到潮州后，发现潮州的学风萎靡，州学久废，州中学子也寥寥无几。"此州学废日久。进士明经，百十年间，不闻有业成贡于王庭、试于有司者。"在韩愈眼中，潮州这时候就是一个文明未开的荒蛮之邦，心里难免有些落寞，也倍加渴望有知音可以交流。这为大颠与韩愈的际会做了很好的铺垫。

元代念常和尚所著的《佛祖历代通载》记录了韩愈和大颠的这次充满辩论性质的对话。对话的开始，韩愈就以儒家为正统，遍历古史，认为佛教是夷狄之法。“妄倡轮回生死之说，身不践仁义忠信之行。而诈造乎报应祸福之故”，并且泯灭了儒家的君臣、父子的伦理观念，致使佛教信徒不耕而食，不蚕而衣，破坏先王的治世之道。在韩愈的观念中，佛教就是王朝灭亡、国家祸乱的根源。面对韩愈的责难，大颠展现了一代名僧的风采，引经据典，出入儒释，对韩愈的论述进行驳诉，他认为韩愈的观点实质上是不了解佛教的表现。他说：“佛也者，覆天人之大器也。其道则妙，万物而为言，其言则尽幽明性命之理，其教则舍恶而趋善，去伪而归真。……吾闻之，善观人者，观其道之所存而不较其所居之地。……今子不观佛之道而徒以为夷狄，何言之陋也。……子以五帝三王之代为未有佛而长寿也，则外丙二年申壬四年，何其夭耶？以汉陈之间而人主夭且乱也，则汉明为一代之英主，梁武寿至八十有六，岂必皆夭且乱耶？”这些言说没有深奥的哲学概念，内容通俗易懂，以韩愈所论说的内容反驳韩愈的观点，使韩愈不得不心服口服，结果，“（韩）愈瞠目而不收，气丧而不扬，反求其所答，忙（茫）然有若自失”。韩愈完全折服于大颠的论说观点。大颠的观点似乎也对韩愈产生了影响，韩愈反而请教佛教的至理至道：“不肖幸欲闻其至者，可乎？”大颠回答他说：“去而欲，诚尔心，宁尔神，尽尔性，穷物之理，极天之命，然后可闻也。”从大颠的话中，可以看出其对佛教哲学的理解，禅宗的至道只能靠修行者自悟，觉者只能从旁启发引导，是不能靠言语传达的，对于汲汲功名者，因为他们的欲、心、神、性都受到外界的影响，对佛教的至道是不可得而闻的。

这就是《佛祖历代通载》所记录的韩愈与大颠的儒释对话。这次对话对韩愈也产生了影响，奠定了两个人之间深厚的友谊，在潮短短八个月，韩公三次写下《与大颠师书》，情意甚殷切。后来，韩愈离潮往袁州赴任前，还留官袍作为纪念。此后，大颠和尚一直将韩愈的官袍带在身边，直至圆寂。后人在灵山寺山门口建有一座留衣亭，纪念这段千古奇缘。大颠与韩愈的这段交往经历，在历史上产生了不小的影响，历代学者在研究韩愈时，都会涉及韩愈与大颠的这次对话。欧阳修、朱熹、周敦颐、李俊民、胡祗等文坛领袖、思想巨擘都对其

有过研究。周濂溪先生有一首著名的绝句《题大颠堂壁》，咏评韩公与大颠的交往事：“退之自谓如夫子，原道深排释老非。不识大颠何似者，数书珍重更留衣。”

唐长庆二年（822），穆宗赐额灵山寺，赐名“护国禅院”。大颠在有生之年，其活动已经被当朝统治者所注意了，可见当时他的影响力已经很大。

长庆四年（824），大颠临终前，召集全寺僧众门徒，语重心长地告诉大家：“老衲学佛行道六十年，苦心修行，命寿已满，羽化之后，宜将形骸筑石塔封藏……”他告诫弟子不必落泪，又密嘱心腹弟子未来之事。各种后事安排停当，便择于三月十四日吉辰，沐浴更衣，无疾和颜端坐圆寂，享寿九十有三岁。

大颠一生著述颇丰，著有《毅若波罗密我心经释义》、《金刚经释义》，自书《金刚经》1 500 卷，《法华经》、《维摩经》各30部。可惜都没能保存下来。今灵山寺中建有“写经台”，专为纪念大师当年著述事迹。

赵　德

赵德，唐宋潮汕八贤之一，其号天水先生，海阳（即今潮安）人，生卒年已经无从考据。关于赵德的科名，历代众说纷纭。韩愈在《潮州请置乡校牒》中只称赵德为秀才，而宋代的苏轼在《潮州昌黎伯韩文公庙碑》上却首次称他为进士，后代地方志也多从苏轼的说法，因此，关于赵德的科名在目前学界还存在不少的争议。究其原因，一方面是赵德所处年代距今较远，相佐证的材料较少；另一方面在于学界对科举制度史的不同理解。但不管争论结果如何，赵德仍然是个受过儒家正统教育和洗礼的饱学之士，这是对其科名持不同结论者的共同看法。

韩愈与赵德塑像

（图片来自中新网）

韩愈抵任潮州刺史后，了解到潮州州学停办已久，百余年来无士人赴京考取功名，导致儒家规范无法实行的情况，这使他忧心忡忡，于是韩愈决定兴办乡校，培养人才，恢复礼教。因为赵德的才干和学识已经闻名于州，韩愈了解之后，亦非常赏识他，韩愈称他沉雅专静，精通儒家经典，且有文章著述于世，还熟知先王之道，排斥异端，尊崇孔子，完全可以胜任这项工作。为此，毅然举荐他代理海阳县尉，任州衙推官，专门主持潮州学政，以督导生徒，兴和乐孝悌之风。

乡校在赵德的用心主持下，得到了蓬勃发展，儒家的礼乐文化也逐渐得到恢复，这为后来潮州教育的兴盛打下了良好的基础。如果说韩愈刺潮之功首推倡学的话，那么赵德便是真正将其倡学的思想付诸积极实践的人。赵德兴办教育的实践使得此后守潮良吏纷纷以其为榜样，此后潮州各地便“庠序大兴，教养日盛”。苏轼所谓“公命进士赵德为之师，自是潮之士皆笃于文行，延及齐民，至于今号称易治”，虽是在赞美韩愈倡学之功，却显然反映出赵德主持学政、恢复乡校、振兴州学的业绩。

赵德被列为潮州唐宋八贤之首的原因，不单单在于其出色的办学实践，还在于他与韩愈的交往。

元和十四年（819）十月末，韩愈离任，热情邀请赵德随他移官袁州。但是，出于对桑梓的深切情谊，赵德并没有随同韩愈而去。韩愈深为感动，深情地写下了《别赵子》一诗，表达了他对赵德恋恋不舍的感情：

我迁于揭阳，君先揭阳居。揭阳去京华，其里万有余。不谓小郭中，有子可与娱。心平而行高，两通诗与书。婆娑海水南，簸弄明月珠。及我迁宜春，意欲携以俱。摆头笑且言，我岂不足欤。又奚为于北，往来以纷如。海中诸山中，幽子颇不无。相期风涛观，已久不可渝。又尝疑龙虾，果谁雄牙须。蚌蠃鱼鳖虫，瞿瞿以狙狙。识一已忘十，大同细自殊。欲一穷究之，时岁屡谢除。今子南且北，岂非亦有图。人心未尝同，不可一理区。宜各从所务，未用相贤愚。

在这首《别赵子》诗中，韩愈充分表达了在此远离京城，贬任千里的失意宦途中意外地结识赵德而高兴万分的心情，认为赵德是一位心气平和、品格高尚的人，而且通晓《诗经》、《尚书》，简直就是南海边上的一颗明月之珠。难怪林大钦在《潮州八贤》文中，称赞他“卓然有信，不为时俗所移，其天资可谓刚直不群”。

韩愈离任后，赵德将平日所录韩愈的文章，共计75篇，整理编成《昌黎文录》，并作《文录序》。这是韩愈文集的最早版本。在这篇序言中，他称誉韩愈是“圣人之徒”，“所履之道”是尧、舜、禹、汤、文、武、周公、孔子、孟轲、扬雄所授受，佛道异端之言是不能干扰其思想、进入其文章的，并推崇备至地说，“其文高出，与古之遗文不相上下”，“以是光于今，大于后，金石憔铄，斯文灿然，德行道学，又庶几乎古”，所以在茅屋中，“手持目览，饥食渴饮，沛然满饱”。文录编辑成集，成为潮人学习儒学的教科书，也成为潮人研习韩文的重要资料。由于这些文章是赵德直接承受于韩愈，所以更成为后人编撰韩文公文集和研究韩学的最为可靠的第一手材料，其积极意义也远远超越潮州一地。可以说，这是赵德的又一重要贡献。北宋吕夏卿编韩愈文集校本时便称赞这本书“比它本为最可信者”。

潮人为表示对赵德兴学立教的感戴，从宋代到清代，从官学到私学，多为其配祀韩庙，以至于为其单独立祠。

王大宝

王大宝（1094—1170），又名王元龟，生于海阳县汤头村（今属广东潮安县归湖），为宋代名臣。王大宝出生于北宋哲宗绍圣元年（1094），自幼聪敏颖悟，才气过人。他博通五经，尤精于《易经》，于政和年间被选入太学攻读。南宋高宗建炎二年（1128），王大宝以进士第二的身份，成为宋代岭南唯一的榜眼。这也是有宋一代，岭南地区科举考试的最高荣耀。

王大宝像

（图片来自林培庐. 潮州七贤故事. 台北：东方文化出版社，1970）

王大宝及第后，初授南雄州（今广东南雄）教授。因为个人俸禄过低，王大宝赴任百日后即去官还家。直到南宋高宗绍兴元年（1131），王大宝才被朝廷重新起用，初授枢密院计议，绍兴五年（1135）授皇宫教授，绍兴八年（1138）被派遣监登闻鼓院（专司收受臣民向皇上谏议或申诉冤抑意见的朝外机构），主管台州（今浙江台州市）崇道观。

绍兴十六年（1146），王大宝被派往连州任知州。在任期间，王大宝体恤民苦，爱民如子，对连州及周边的社会状况有着深入的了解。三年后，按宋制，王大宝上京接受考课。他即趁机上书奏称，广南路连、英、循、惠、新、恩等六州户口稀少，商贸很不发达，应诏各小州裁减每月所纳“免行钱”。所谓“免行钱”，乃是朝廷的市易司和各州市易务到各地贩卖货物向民众按月收取的额外税费。王大宝的奏疏获得了朝廷的肯定，于是广南漕司予以减免“免行钱”。王大宝的奏议减轻了六州民众不少负担，这是王大宝为当地老百姓做的一件大好事，受到老百姓的赞颂。

此后，王大宝调知袁州（今江西宜春），期间，他向宋高宗进献自己所著《诗书易解》。高宗阅后，对王大宝评价很高，并对当朝宰相说：“大宝留意经术，其书甚可采。可以内除。”意思是说，王大宝对于经术之学有很好的研究，其著作也有很多可以采纳的意见，可调入京任职。因此，他被任命为国子司业兼崇政殿说书。外任期间，王大宝亲眼目睹各级官吏在向民间征收“月椿钱”、“折帛钱”等赋税时，乘机中饱私囊，向江南百姓横征暴敛的现状，旋即奏请“委监司核月椿为定制，减折帛惠小民”，并被朝廷采纳。接着，由于政绩突出，王大宝先后被授为敷文阁直学士、温州知州、福建路提点刑狱、广东提点刑狱。这期间，王大宝又为老百姓做了不少好事。如福建漳州的葵冈，林茂岭峻，山道难行，盗贼滋生，设伏拦劫，给地方治安带来了不便。于是，他带头捐出30万俸钱，砍伐了杂树，铺设了十多里长的石道，方便行人往来，也保证了商旅的安全。这些事迹充分体现出王大宝关心民间疾苦的可贵精神。

绍兴三十二年（1162）六月，宋孝宗即位。孝宗锐意中兴，试图振兴日益衰微的宋王朝，并要为岳飞、赵鼎平冤，于是召回了主战派的大臣张浚等人。王大宝也被授礼部侍郎。王大宝履任伊始，即向孝宗进言“先明国是，而行之以果断”，劝告孝宗不要在和战问题上再犹豫不决。随后，王大宝擢升为右谏议大夫。他接连上疏，力主抗金，收复失地，并一再弹劾投降派汪澈等人的所为。

王大宝积极支持抗金名将张浚的军事行动，一再明确地指出对金宜战不宜和，从而成为朝廷中抗金派的主要代表性人物之一。在他积极建言的影响下，孝宗一度决心对金作战并付诸行动，从而亦曾稳定了局势，王大宝也转任兵部侍郎。但其后孝宗又偏信了丞相汤思退的议和主张，将张浚的江淮都督府及其他边防要地军事设施尽行撤除。王大宝三次上奏，力斥汤思退的投降派行径，但未被孝宗所接受，他因而愤然辞去右谏议大夫、兵部侍郎的官职。后金兵大举南侵，迫使南宋于隆兴二年（1164）与金国签订了屈辱的“和约”，承认金宋两国的关系是“叔、侄之国”。乾道元年（1165），朝野中要求重新起用王大宝等人以抗金的呼声日益强烈，他遂被任命为礼部尚书。但是其

抗金方略仍然未被皇帝认可，并一再受到投降派的攻击，以致他身心交瘁，被迫辞去官职回乡。乾道六年（1170），王大宝在家乡病逝，终年 77 岁。临死前，他长叹着说：“收复失地的事竟是遥遥无期的了！”王大宝坚定的政治立场为士民所敬仰，明郭棐《粤大记》将王大宝与冯元、余靖、崔与之、李昴英、郭阊列为宋代“岭南六先生”，赞叹六先生“真五岭间气之钟灵，百代士林之仪表”。同时，王大宝在潮汕地区也具有崇高的影响力，并被推为“潮州前七贤”之首。任谏讲时，王大宝与南宋乐清（今浙江省乐清市）著名的政治家和诗人王十朋齐名，世称二龟，或称为“二王”。

王大宝重义气、不怕被牵连的高尚品德也十分难得。绍兴年间，主战派首领前宰相赵鼎受秦桧迫害，谪清远军节度副使，潮州安置，抵潮住了五年。其时王大宝正闲处家中，遂与赵鼎交游，从讲《论语》。赵鼎称赞他：“文章学识，直谅劲正，廷臣无出右者。”并赞叹说：“吾居此，平时所荐无一至者，君独肯从吾游，过远矣！”梅州刺史邱君与不满朝政，辞官归隐潮州，王大宝有诗赋赠之：

北山有移文，抽簪不如君。
庭兰洁晨膳，岩桂流夕芬。
道义齐高岳，功名薄浮云。
林间多鸾鹤，忘机可以群。

此诗高度赞誉邱君与鄙薄功名利禄，果决归隐；既能晨起侍膳，以尽孝道，又得以晚节自持，清名远传；道义如山高，富贵如浮云；与世无争，闲如鸾鹤。王大宝知连州时，张浚也于绍兴十六年（1146）谪居连州。当张浚供奉不及，生活有困难时，王大宝以经制钱接济他。张浚不安地问他：“如累君何？”大宝慨然回答：“得丧，命也！”张浚为之叹息，遂命其子张拭跟王大宝问学。张拭后来与朱熹、吕祖谦并称理学三大师，王大宝之教诲让其获益良多。王大宝知袁州时，抗战派沈清臣因攻击和议，触怒秦桧，被贬谪沅州，路过袁州，王大宝留其居数日。僚属劝王大宝不要因此得罪秦桧，他但笑不答，真可谓铮铮铁骨，义薄云天。

王大宝卒于乾道六年（1170），赠大中大夫谥号，御葬于海阳神前山南。《宋史》将他与刘珙、范成大等直臣并列立传，其传记长达

1 300多字。有宋一代，王大宝不仅是潮州首屈一指的人物，也是岭南首屈一指的人物。

王大宝一生对儒学颇有研究，尤长于易学。他著述颇丰，计有《周易证义》10卷，《谏垣奏议》6卷，《毛诗国风证义》6卷，《经筵讲义》2卷，《遗文》15卷，还有《诗解》、《书解》、《易解》。惜今俱不存，仅有若干诗文，散见于《永乐大典》和《广东文征》等书中。现存遗文有《韩木赞》、《清水阁记》、《放生池记》等3篇。

郑南升与郭叔云

潮汕地区经过宋代历任官员的努力，文化水平有了很大的提升。这一期间涌现出许多人才，对外文化交流日益密切，中原文化对本区域的影响也越来越深。南宋时期，郑南升与郭叔云追崇朱熹，专攻理学就是很好的例子。林大春在隆庆《潮阳县志》中曾论及潮州的道学传统，对郑南升、郭叔云作了极高的评价：“自赵宋道学大明之时，慨然以正学自任，卓为一郡儒宗者，实自郑郭二先生始。今晦庵《家礼》一书，与蒙谷所定《宗法》，潮人遵行之不废，二先生之力也。世儒往往谓道学无裨于实用，岂知流风余韵，犹能使人尊信如此。”

南宋绍熙年间（1191—1193），江西朱熹发展程朱理学，集理学之大成，讲述孔学正宗。在中国哲学思想的发展中，朱熹是作为宋明客观唯心主义理学集大成的人物著称的。他的哲学思想，从宋代末年一直到清代晚期为止的七百年中，都占有统治地位，成为几个封建王朝的官方哲学。他50岁知南康军，复建白鹿洞书院，经常与“诸生质疑问难，诲诱不倦”。54岁在福建崇安武夷山下建武夷精舍，“四方士友来者甚众”。61岁知漳州，刊印四经四子书，经常到州学“训诱诸生”。65岁知潭州，修复岳麓书院，“治郡事甚劳，夜则与诸生讲论，随问而答，略无倦色”。后来回到建阳考亭，修建沧州精舍，“学者益众”，最多曾达到数百人（以上引文见朱子年谱）。郑南升与郭叔云就是朱熹众多弟子中的高足。

郑南升，字文振，生卒年不详。隆庆《潮阳县志》说他是汉代大儒郑玄的后人，其先祖在宋初迁徙到潮阳。郭叔云，字子从，揭阳渔湖塘口村人，生卒年不详。郑南升在绍兴中受朱熹学说的影响，与郭叔云负笈前往问学，成为朱熹的入室弟子。两人都受到朱熹格致合一

思想的影响。所谓“格致合一”，是朱熹对已经花费30年心力研究《大学》的“格物致知”思想的新发展。在朱熹之前的“二程”就已经“体贴”出“天理”，朱熹主要是继承并发扬了“二程”的格致论，并把格致论当作其理学的出发点。朱熹格致论是知识论的表述，也是一种融合了知识论并以其为基础的伦理学。

郑南升主要潜心于对《论语》、《孟子》的研究，并对孔孟思想有了新的阐发，受到朱熹的赞誉。郭叔云的学问可以从《朱子大全》第六十三卷中“答子从问礼书”二首计31条中得到反映。兹录数则如下：

郭叔云问：“为学之初，在乎格物。物物有理，第恐气禀昏愚，不能格至其理。”

曰：“人个个有知，不成都无知，但不能推而致之耳。格物理至彻底处。”又云：“致知、格物，只是一事，非是今日格物，明日又致知。格物，以理言也；致知，以心言也。”

问：“致知，是欲于事理无所不知；格物，是格其所以然之故。此意通否？”

曰：“不须如此说。只是推极我所知，须要就那事物上理会。致知，是自我而言；格物，是就物而言。若不格物，何缘得知。而今人也有推极其知者，却只泛泛然竭其心思，都不就事物上穷究。如此，则终无所止。”

从以上的郭叔云与朱熹问答，我们可以看出，郭叔云对朱熹格致论的核心内涵更为关注，其问答已经涉及了格致学说的核心要旨。

朱熹对郭叔云更是关爱有加，勉励郭叔云做学问要收敛端严，在自己身心上下工夫，这样才能有所收获。此后，郭叔云在为人为学上以朱熹的教诲为准则，“不为虚文之学”。他还关注到礼教旧废的现状，慨然讲授《礼》经，《朱子文集》中存有郭氏《礼经疑》二十余条。

庆元六年（1200），朱熹去世后，郑南升与郭叔云和同门陈淳（陈北溪）等人仍相互往来讨论，书信辨析，讲论正学，孜孜不倦。郑南升回潮阳故里后，同乡人侍讲郑开先特地在棉城文光塔边为郑南升建了一座馆舍作为他讲学之用（后扩建为“郑氏宗祠”，堂名“孔安堂”），在当时产生了极大的影响。后学之士纷纷向其求学，并以其言行为准则。孔安堂历经数代修葺，现存，为潮阳唯一保存较完好的宋代理学讲堂故址。

郭叔云与陈淳切磋研究理学的过程中，还讨论了《先后天太极图》，表现出极高的儒学和史学功底。其后，郭叔云还根据朱程理学的要义设立祭田、家约、家谱等，这对明清时期潮汕宗族产生了影响。郭叔云对理学的研究使其成为“南宋一代潮海之醇儒”，入祀乡贤祠。郭叔云著有《礼经疑》、《宗礼宗义二篇》和《朱子蒙谷宗法》等，惜原本多已佚。

马　发

马发，海阳人，南宋德祐元年（1275）任潮州摧锋寨正将，是摧锋军中的中级将领。他是潮汕历史上有名的将领，在宋末元初的历史转折中，留下了可歌可泣的英雄赞歌。

摧锋军原为南宋绍兴年间组建的一支地方独立部队，受广南东路帅司（经略安抚使）和宾司（提点刑狱）的节制，是一支地方正规军，最高指挥官称统制，下设统领若干员；统领之下，依次设正将、副将、准备将等。全军盛时兵勇多达七八千人，至南宋末尚有三四千人。然而到马发接管摧锋军时，这支部队的兵士人数却只剩一百多人。但是就是这一点兵力，加上招募来的一小部分民兵，马发却带领着他们坚守潮州城达年余之久，并与强大的蒙古铁骑鏖战一个多月，前后打了三仗，上演了潮人在宋元交替之际最为悲壮的一幕。

南宋景炎二年（1277），元兵攻下南宋首都临安城后，立马挥师湘赣。丧失朝廷领导组织的南宋地方武装无法抵挡蒙古铁骑的马蹄。元兵势如破竹，立刻攻下湘赣一带，直逼闽粤一带。这个时候，怯弱的潮州知府叶侯闻风，立刻弃印仓皇而逃。在这个动乱时期，南宋王朝完全丧失了对地方的控制，导致寇盗蜂起，群盗蚁聚，战火纷飞，潮州州城四郊民众纷纷建栅设垒，加强防御，以求自保。正是在这样一种纷乱局势之下，马发毅然率领这支摧锋军由州北入卫潮州城，主持潮州的军政大事。景炎二年（1277）正月初，元兵破汀关，直逼梅岭，漳州、潮州、梅州、循州数州均告急。此时，南逃的南宋小朝廷漂泊无所。鉴于时局暗淡，前途渺茫，在元军大兵压境的形势下，马发与循州知州刘兴、梅州知州钱荣都曾一度被迫向元军表示归顺之意。驻跸于珠江口的宋帝闻悉后，即派安抚使方兴赶往潮州，慰谕潮

州摧锋寨正将马发，让他“摄州事，称安抚使”。此时，省镇抚忽鲁浑兵到潮阳县，派先驱于深夜到马发帐中谕降，被马发严词拒绝。于是，马发又举起抗元旗号，并赶紧加固城垣，联络四郊义兵，抓好防务，修城挖河，厉兵秣马，积极备战，坚守城池。于是，潮州就成为岭东元军攻击的唯一目标。

在马发拒降的第二天晚上，他悄悄带兵埋伏于鸡笼潭。所谓鸡笼潭，正是当时城北摧锋寨的营房所在地。马发利用这一有利地形，以逸待劳，准备伏击元兵。不久，元兵铁骑驱驰而来，马发趁元兵不备，立马挥师冲杀，没过多久，便把元兵杀个片甲不留，元兵不得不放弃攻城的计划。这是马发守城打的第一场胜仗。

八月，元军在塔出的带领下，再度攻略广东沿海尚未归降的州县。任沿海经略使的哈剌解于十月进逼潮阳，以陈懿等兄弟五人为首的地方武装携带手下畲兵七千人向元兵称降。陈懿便是臭名昭著的陈家“五虎”之一。陈家“五虎”起家于海盗，拥有相当庞大的船队和家资，在宋末元初动乱之际，叛附无常，最终以助元灭宋换取了显贵地位。这年冬天，元帅唆都再次进攻潮州城，但屡攻不下，唆都怕错过与塔出广州“富场之期”，只好暂退，转攻惠州。这是马发守城打的第二场胜仗。

此后，马发进一步加强城防。翌年正月，元将唆都在陈懿的配合下，将潮州城围了个水泄不通。当时元兵的来势汹汹并没有吓倒守城的潮州军民。经过短期的休整，潮州城防坚固，军民的士气高昂。为了避开元兵的锋芒，马发勒令兵马闭固城中，不与元兵直接交锋。不时还让军民登城诟骂敌军，使得元兵十分恼火。唆都见到这种情况，立即命令手下兵马塞堑填濠，搭造云梯和鹅车，日夜急攻，企图以最短的时间夺取潮州城。马发用计，私下悄悄派遣士兵焚烧敌军的攻城器械，挫败了唆都的计划。由于马发指挥得当和摧锋军战士的英勇抵抗，使得骁勇善战的唆都也无可奈何。《元史》卷一二九《唆都传》中称唆都久攻“二十余日不能下”，恼羞成怒的唆都不得不使用重赏之策，他对元军下令说：“有能先登者拜爵，已仕者增秩。”即使是这样，元军组织了多次战斗，潮城仍岿然不动。至二月底，元军中的“智囊”乌古孙泽看清潮州城久攻不下的一个重要原因，就是城外有很多义兵营造堡垒应援城中军民。于是，元兵分兵攻破周边营垒，驱

散义兵，潮州城遂处于孤立绝援的境地。二月二十九日，南门巡检黄虎子见大势已去，将降书系于箭上射出，与陈家“五虎”通谋，约定当天晚上大开南门，接应元兵，自己则缒城而逃。元兵见城门大开，立马擂鼓号令士兵杀入城内。与此同时，元军悍将兀良哈尔也从浮桥东门率先登城，马发率军民死守月余的潮州城终于陷落。这是南宋溃亡后落入元兵手中的最后一座州城。元兵入城后，为报久攻不下之仇，对潮州进行惨绝人寰的屠城，立时，城中硝烟四起，哀嚎不息，史载“焚民室庐，火焰亘天，城中居民无噍类”，可见当时的惨状。而投降的黄虎子也被陈家“五虎”所杀。

潮州金山

（图片来自南方网）

尽管城池已失，马发仍决心血战到底，率领残兵一百多人退守金山前的子城，又浴血奋战了三夜三日，兵勇死战殆尽。眼见大势已去，马发遂令妻妾家小皆缢死，自己也喝下鸩酒，全家十三口人皆壮烈殉国，写下了一曲悲壮慷慨、可歌可泣的英雄赞歌。时为南宋景炎三年（1278）三月一日。

马发卒后葬金山。后人于墓旁植苍松翠柏，以喻高风亮节，人称“马丘松翠”，后又改为“金山古松”，以喻高风亮节，成为潮州八景之一。元至正六年（1346），广东道肃政廉访司事、儒学名臣周伯琦莅潮，应潮人之请，为马发立祠于金山南麓，并亲自撰写了祭文和《宋死节臣马侯祠记》，对马发的英烈气节倍加推崇。明嘉靖十三年（1534），

位于潮州市区金山巷口纪念马发的忠节坊

（图片来自新浪网）

潮人追奉马发为“金山圣王”。于金山巷口建“忠节坊”，坊额为揭阳黄一道题书。是为后话。

读罢马发的“史记”，让人想起韩愈《进学解》名句：“障百川而东之，回狂澜於既倒。”难怪清代爱国诗人丘逢甲游金山时，要题下这一联：“凭栏望韩夫子祠，如此江山，独让前贤留姓氏？把酒吊马将军墓，奈何天地，竟将残局付英雄。”

张达和陈璧娘

潮剧有一出有名的戏叫《辞郎洲》，描述的是南宋末年潮州都统张达和他的妻子陈璧娘勤王抗元的故事。故事的结局是夫妻二人双双忠义殉国。张达和陈璧娘的故事能被后人搬上舞台，可见他们夫妻二人的爱国行为和崇高精神世代受到潮汕人民的崇敬。

张达，生于饶平县渐山（一说今属福建省诏安县），是南宋潮州都统，掌握着潮州的兵权。张达的妻子陈璧娘（又作陈碧娘），是一位深明大义而又富有才情的女子。陈璧娘原籍福建云霄。她生活于忠于宋王朝的士大夫家庭。陈璧娘祖父陈景肃，知制诰，卒赠光禄大夫，为“渐山七贤”之首。陈璧娘的父亲陈肇（又名宗一），官至参知政事兼太尉同平章事，封“兴国公”。陈璧娘自幼从父兄修文习武，且精通音律、能歌善舞，聪颖伶慧，被誉为才女。良好的家庭背景，使陈璧娘在国家兴亡之秋，能丹心报国。

《辞郎洲》连环画封面

（水天宏绘，辽宁美术出版社，1961）

元世祖忽必烈在定都大都（今北京）后，建立元王朝，随后即挥蒙古铁骑大规模向南方进军，势如破竹，于德佑二年（1276）攻陷临安，南宋王朝崩溃，宋恭帝赵显被元兵俘走，宋王朝实际已经灭亡了。

同年的农历五月，陈宜中在福州拥立益王赵昰为帝，史称端宗，并改元景炎。由于元兵的追迫，十一月，宋端宗舟师抵泉州，因蒲寿庚叛变，张世杰为保护宋帝昰不得不迁师转移到潮州，驻扎于海阳县柘林（现属饶平）附近的下湾港和红螺山一带。陈璧娘眼见国家到了危急存亡的时刻，毅然竖起抗元保宋的旗帜，组织义军奋勇反抗，保家卫国，表现出“国危见孤忠”的忠肝义胆。面对丈夫的迟疑不定，陈璧娘晓以大义，力劝张达组织义兵，举师勤王。因此，夫妻二人毁家纾难，前往红螺山饷军。张达又率义勇随侍护送宋帝过海，使宋帝安全到达南澳。

景炎二年（1277）正月，元兵尾随追击，张达奋力护卫宋帝舟船南撤，将赵昰、赵昺转移至惠州甲子门，张达受封为潮州右都统。张达临行前，陈璧娘送至海洲（今南澳岛钱澳），作《辞郎吟》赠行：

丈夫知有宋天王，别吾去者海茫茫。后有奸佞妾抵挡，试看风霜飞剑矬。郎兹行、莫回顾，北风萧萧虎门树。传檄早定潮州路，恢复中原驰露布。郎有身、身许国，无以国为仇可复。妾有身、身许郎，勿谓兵威不可扬。一洗千秋巾帼态，泪痕乌在雪痕在。策郎马、送郎舟，国耻可雪，妾身何求？

这首诗悲壮缠绵，感人肺腑，后人名海洲为“辞郎洲”。潮剧《辞郎洲》的取材就源于此。

南宋景炎三年（1278）五月，端宗赵昰病死于硇州（今广东雷州湾外），陆秀夫、张世杰等立赵昺为帝，改元祥兴，移跸崖山（今新会县之南）。张达出生入死，几次都差点血溅沙场，但始终护卫着宋帝。祥兴元年（1278）七月，陈璧娘的弟弟陈格、陈植遵循姐命，投效崖山时，她又作《平元曲》一首，托其弟带到崖门，鼓励丈夫舍身

连环画《辞郎洲》描述的抗元场面
（水天宏绘，辽宁美术出版社，1961）

奋力抗元。诗曰：

虎头将军眼如电，领兵夜渡龙舟堰。良人腰悬大羽箭，广西略地屋西战。三年消息无鸿便，一纸凭谁寄春怨。日长花柳暗庭院，斜倚妆楼倦针线。心怀良人几时见，忽睹二郎来我面。植兮再吸倾六罐，格也一弹落双燕。何不将我张郎西，协义维舟同虎帐。无术平元报明主，恨身不是奇男子。倘妾当年未嫁夫，愿效明妃和西虏。虏人不知肯我许，我能管弦尤长舞。二弟慨然舍我去，目睹江头泪如雨。几回闻难几濒死，未审良人能再睹？

这首诗慷慨悲壮，格调高昂，不失丈夫气。陈璧娘“愿学明妃（王昭君）”为国家而舍身的心志表露无遗，以此勉励丈夫继续效忠宋室，保家卫国。

此时，左丞相陈宜中看到形势越来越恶化，偷偷地逃跑，朝政由张世杰和陆秀夫主持。为阻击敌人，张世杰曾派兵进攻雷州，失利而回。六月，部队又从硇洲移到崖山。祥兴二年（1279），崖门宋军被元汉军都元帅重兵包围，形势万分紧张，据《宋史本纪》载：“张达夜袭元营，亡失其众。”张达浴血奋战，壮烈殉国。陈植兵败后即遁入山林，不知所终。宋军虽被围困，决心死守崖山，一千多条海船，结成海上堡垒，自正月中旬起战斗二十多天，由于淡水道被元兵切断，宋军给养不上，随后溃败。宰相陆秀夫不愿为元兵所俘，先把自己的妻儿赶下海，然后背起九岁的小皇帝赵昺跳海而死。赵宋王朝到此终结。

陈璧娘闻讯悲痛至极，求得夫尸亲葬。葬后，说：“我夫能为国殉难，我岂不能死节。”遂闭门不食而死。

陈璧娘与张达所生之子，名千乔，自此由其姑郭张氏抚养成人。张千乔的后裔后辟建一村，名曰“东峤”，从此张氏一脉历传至今。

东峤村中现仍保存“祖姑庙”一座，乃陈璧娘之子孙后裔为铭恩而建，刻有堂联：

尊祖念姑，刻木不忘花月夜；
归宗抚侄，造容聊报太平年。

又：

抚侄归宗传百世，
奉姑附祖祀千秋。

东峤张氏宗祠也有一楹联：

孝可作忠，痛先人斩木救驾，特表其勋千古；
思堪锡类，念我祖依姑承祧，犹存祀典万年。

这些后人撰写的联语表达了他们对张达、陈璧娘在山河破碎、社稷倾危之际所表现出来的强烈的爱国主义精神的赞誉和敬佩。

1959年，广东省潮剧院根据张达、陈璧娘的事迹，创作演出《辞郎州》剧目，因其事迹感人至深而风行闽粤。是为后话。

在七百年后的今日，当我们再次翻开史书，细细阅读张达和陈璧娘史迹，吟咏陈璧娘留下的诗歌的时候，张达和陈璧娘在国家危难之际表现出来的爱国情怀，以及他们叱咤风云的英雄气魄依然令人奋发。下面是近代爱国诗人丘逢甲《说潮》诗一首，可以见证后人对他们夫妻的缅怀。

东风吹不竞，洲上妾送郎；北风多杀声，妾心为郎伤。默然天水碧，海色明斜阳；悲歌平元曲，变徵何慨慷。至今红螺洲，春草为不芳；男儿不报国，死愧陈璧娘。

明代

名人（10人）

薛　侃

宋明时期是中国思想界一个重要的发展时期。明代正德初年，儒学大家王阳明继承和发展了陆九渊的心学思想，在宋明理学中形成了陆王学术流派，使以“反传统”姿态出现的心学风靡一时，并一度取代了程朱理学的地位，左右中国思想界长达百年之久，乃至远播海外。

王阳明像

（图片来自中国历史博物馆）

王阳明治学，重在存天理去人欲，注重学术的实用性，提倡“致良知”和“知行合一”，强调“心外无物”、“心即理”。其时，士大夫们趋之若鹜，阳明先生的及门弟子数百，私淑与再传弟子难计其数。当然，虽均受王学影响，并以其为宗，但各地的学术思想仍然自有特点。据黄宗羲的《明儒学案》，可按地域分为浙中、江右、南中、楚中、北方、粤闽、泰州等七个学派。在《明儒学案》中，“粤闽王门学案”载学者小传九则，潮籍学者占其五；论学资料，则辑录潮州薛侃一家，而以薛侃弟子罗浮周坦附录。可见，当时阳明学说在潮州地区的传播也是蔚然成风，连王阳明自己都说：“海内同志之盛，莫有先于潮者。”（《祭国子助教薛尚哲文》）因此有些学者直接用“潮州王门学派”来指称这一时期潮州士大夫的学术思想。在这支人数众多的队伍中，有郑一初、薛侃、薛俊、薛侨、薛宗铠、薛宗铨、杨骥、杨思元、翁万达、杨鸾、陈王典、林文、余善、陈应麟、成子学、吴继乔、陈

明德等，他们都是潮州的著名士人。但是，若要论潮州王门学派的代表人物，则非中离先生薛侃莫属了。

薛侃，字尚谦，号中离先生，明成化二十年（1484）六月生于揭阳县龙溪都凤陇乡（今属潮安县庵埠），卒于嘉靖二十四年（1545），终年60岁。其先祖薛兰，在宋淳熙年间（1174—1189），由福建廉村迁居到海阳龙溪凤陇，传至第四世时，薛氏分为隐士公和凤岗公两支，薛侃属于凤岗公一支。明代以来潮州宗族的发展，往往是从一个普通的乡村家族开始，经过几代人的经济积累、文化积累和科举仕进，从而上升为本地望族。凤陇薛氏的发展也是这样的一个过程，传到第十世薛田，也就是薛侃的曾祖父时，薛氏家族就开始了培养读书人的举动。不过，薛侃的祖父薛志安早卒，因此一直到了薛侃的父亲让斋公薛蘘时，文化积累行动才得以有所成，子孙中有三人登进士第。其中，薛侃是他的第二子，另外两人分别是其六子薛侨和长孙薛宗铠（二人乃嘉靖二年同榜进士）。另外，其长子薛俊也早已中举，任国子监博士。

薛侃从小便受到良好的家教，其性至孝。明正德五年（1510）薛侃得中举人，四年后，他赴南京应试不第，闻知王阳明在南京任鸿胪寺卿，时常讲授孔孟周程之学，便前往拜师，从学三年，深受阳明学说影响。因此，正德十二年（1517）登进士第后，薛侃不是选择去追逐功名，而是准备回乡侍奉家母。当时，其兄长薛俊正在江西上饶怀玉任教谕，其母也恰好在薛俊任所，因此薛侃便留在怀玉侍养母亲。

这时王阳明任都察院左佥都御史，正巡抚南赣、汀、漳等处，开府赣州。在数度书信往来之后，薛侃约同友人到赣州再度师事王阳明。同年，在他的影响下，其兄长薛俊率领家族中薛侨、薛宗铠、薛宗铨等也前往赣州，向王阳明请益问学，此举还引起了潮州学人研习阳明学说的热潮，因此后来王阳明在追述此事时才有“海内同志之盛，莫有先于潮者”的感叹。薛侃此次师事王阳明，又是三年。三年中，薛侃与阳明先生探研学问，友情甚笃，颇受王阳明看重，甚至还延请他为其子王正宪的老师。正德十三年（1518）三浰寇乱，王阳明奉命带兵出征，还让薛侃代理巡抚官署日常事务。当然，薛侃也不负所托，在阳明出征期间，聚集同门讲习不散。同年八月，鉴于王阳明授课只凭口传心记，传播不易，因此薛侃便将从徐爱那里所得的阳明授课内容《传习录》进行刊刻，这便是《传习录》的最早版本。嘉靖八年（1529）王阳明病逝，薛侃到王家奔丧，“事无大小，咸为经理”，之后又在杭州天真山建阳明祠，每年春秋约同门致祭讲会。因此，可以说薛侃在王阳明的生前身后都对其心学学说的传播作出了重要的贡献。

正德十五年（1520），薛侃与杨骥兄弟及澄海人陈明德一同讲学于潮州金山的玉华书院，这是他在从学于王阳明之后在家乡的首次讲学。当时，他结斋于梅林湖，对心学进行深入的钻研与传播，一时之间，学者“翕然宗之”。

嘉靖元年（1522），明世宗即位，授薛侃行人司行人。行人司掌管颁诏、册封、抚谕、征聘诸事，在京官中地位虽低，但声望甚高。嘉靖三年（1524），他接到母亲去世的讣告，归家守制。在丁忧期间，结庐于梅林湖西之虎肚地（或称虎山）。由于薛侃讲学的缘故，此山名气越来越大，后来还被称作“中离山”，明代香山人黄佐对此有过专门的记述，其《中离山记》云“中离山之名，古未有也，其得名于时，则自中离先生始”。薛侃在中离山“日与士友讲习不辍”，影响甚大，不仅享誉潮州一府，而且远播岭南各地乃至邻近诸省，因此“四省同志闻风远来，至不能容，各自架屋以居”。嘉靖五年（1526），薛侃还在桑浦山南麓的飞凤岭侧开辟岩洞（今潮安县庵埠镇境内），以为读书之处。当年他亲笔手书的“中离洞”三个大字，至今仍存于石洞上方。

薛侃本无意于功名，然一入仕途，则竭忠尽智。嘉靖七年（1528），薛侃丁忧期满，被朝廷重新起用，官复原职。他认为，“宋淳祐元年，诏以周程张朱四子从祀，士习为之丕变”，而象山、白沙之为学也卓有成就，所以在复职两年后，便奏请将宋朝的陆九渊（象山）和本朝的陈献章（白沙）“赐谥从祀”。同年年底，他升任行人司司正，虽然这也只是一个七品官，但其父薛骥也被追封为文林郎，行人司司正，母曾氏为太孺人。因此，薛侃虽然位卑职微，但在感戴皇恩之下，更视君国大事为己任，屡次上疏言事。不料事与愿违，在嘉靖十年（1531）时，薛侃恰恰因此而卷入了一场错综复杂的政治权力斗争之中。

明代中期后，权出内阁，而其中又以首辅（即首席内阁大学士，或称“首揆”、“元辅”）职权最重。明世宗能登帝位本是“天上掉馅

张孚敬像

（图片来自华夏五千年论坛）

饼”的事，由于明武宗没有留下子嗣，又是单传，他才得此机会。他继位之初，下诏废除弊政，诛杀佞臣，使朝政为之一新，不过不久以后就爆发了“大议礼之争”。在那场争论中，有一个叫张璁（后易名张孚敬）的人，迎合帝意，给予嘉靖帝强有力的支持，此后也因此得以加官晋爵，官至首辅。嘉靖十年（1531）时，少宰（吏部侍郎）一职空缺，嘉靖帝想起用以“强直开敏”见称的夏言（后来也官至首辅）。但张孚敬与夏言素性不合，且屡被夏言所忤，生怕夏言得势，正恨无机可乘。这时，薛侃上了一份让本已头疼于子嗣问题的嘉靖帝发怒的《复旧典以光圣德事疏》，让张孚敬找到了一个机会对夏言下手，而这也把薛侃卷了进来，最后还使他被削职为民。

原来，由于个人出身问题，嘉靖帝本就忌讳朝臣谈论子嗣问题，偏偏他自己早年也没有子嗣，于是便请了一帮道士斋醮祈嗣。对于嘉靖帝这种做法，首辅张孚敬只是唯唯诺诺，群臣更是不敢出声，但薛侃却挺身而出，起草了《复旧典以光圣德事疏》，建议依旧典择亲藩贤者以早定皇储。薛侃将草稿先给太常卿彭泽看，但彭泽是张孚敬的心腹，就送给张孚敬过目。张孚敬明知此疏必触犯皇帝，一面誊抄一份先行报嘉靖帝，诬陷是他的对头少詹事夏言教唆薛侃所写，一面又让彭泽怂恿薛侃说此稿切中时弊，应赶紧上疏。薛侃本来还有所犹豫，经彭泽这么一说，才下定决心上呈此疏。果然，嘉靖帝见疏震怒，即下令捕薛侃下狱，要他招供受谁指使。同时，夏言也因此被执。彭泽教唆薛侃嫁祸夏言，但他断然拒绝做昧心之事，并说：“明有君父，暗有鬼神，头可断，此心不可欺”，铮铮之言，闻者汗颜。尽管受尽严刑拷打，数度死去活来，他都坚持奏疏乃自己所为，不受他人指使。后来终于真相大白，张孚敬被罢免，彭泽也远戍大同。但嘉靖帝为了顾全脸面，依然要治薛侃犯上之罪，在夏言等人保奏下，才准其削职为民。不过，薛侃虽因触犯帝讳被革职为民，却一直受到朝野的推重，大赞其“百折不回，铮然有白刃可蹈，威武不屈之节”。这件事也使他在死后得到夏言极高的评价：“粤山之英，南海之灵，萃生我公，握奇抱贞，鸾仪鹄峙，翔于天路，蹇蹇怀忠，棱棱抗疏。”

其实，罢官对薛侃来说，未尝不是一件好事。正是由于经历了这场风波，回到家乡的薛侃反而更加专心致志地钻研儒学，倡导心学。嘉靖十一年（1532），他在东莆都宗山宋代华岩禅院旧址（今潮安县金石镇塔下村桑浦山麓）办起宗山书院，专心讲学，这也是他第三次在家乡进行讲学。时至今日，当地尚存有宗山书院石牌坊，牌坊正面镌刻“宗山书院”，背面刻“仰止”二字，表示对王阳明的敬仰之情。这时，王阳明已去世数年，为表达其尊师之意，他还特别在书院内建怀惠祠以祀之。因此，薛侃之名声日著，四方学子慕名来宗山书院从学者百余人。书院大力宣扬王阳明“知行合一”、“致良知”之说，以王阳明为楷模，向学人灌注“居官则思益其民，居乡也思益其乡”、“为公勇，为私怯；为公重，为己轻”等立身处世之思想，对当时地方社会思想的发展产生了深远的影响。

宗山书院石牌坊

（图片来自潮州旅游之窗论坛，老牛摄）

在潜心于心学数年之后，薛侃也开始四处游学。他每次出游时，都常有数十人跟着他。嘉靖十五年（1536），他远游江浙，与理学家罗念庵（字洪光，1504—1564）会晤于青原书院，两人一见如故，成莫逆之交。嘉靖二十一年（1542）夏，薛侃南归，又陆续到过博罗罗浮山朱明洞、东莞奇石玉壶洞等地。后来辗转到了惠州，被叶惠江、谢惕斋、刘古狂等名士留居半迳寻乐堂和丰山永福寺前后达四年之久。期间，他将教学内容编成《经传论义》，同时还著有《惠州八问录》。清人江逢辰《咏永福寺》诗言：“惠阳讲学前朝盛，粤派王门自此开。我行忽忆薛夫子，不压频寻萧寺来。”对薛侃在惠州传播阳明

学说的功绩给予了充分的肯定。嘉靖二十四年（1545），薛侃回到家乡，不久病逝，下葬于桑浦西麓天鹅山。隆庆元年（1567），穆宗即位，追认薛侃复原职，赠承仕郎河南道监察御史。

薛侃一生著述甚多，有《薛中离先生全书》20卷、《研几录》3卷、《研几图》1卷、《阳明则言》2卷、《云门录》、《图书质疑》3卷、《经传论议》1卷、《鲁论真传》、《训俗垂规》1卷、《薛御史中离集》3卷、《乡约》1卷等，又辑录《传习录》1卷。在其论著中，薛侃不仅阐述阳明奥蕴，于师门宗旨多有所发扬，而且还提出了具有其自身特色的心学思想。他对阳明学说的继承和发扬，主要在道德伦理思想方面，并更加强调践履的重要性。他说："天日太虚，圣曰通明。虚、明者，良知之谓也。致也者，去其蔽，全其本体之谓也。"又说："问学之道无他，致其良知已矣。"他反复强调，"致我心良知于事事物物，则事事物物皆得其理"。可见，他把致良知看作是学道的一个必要过程，认为学道最终必须致吾心良知与万事万物，以正心与修齐治平和一为目的。当然，他的这些思想都是源于王阳明的"致良知"与"知行合一"之教，但是他能有所阐发，并别具特色。因此，时儒王渐逵称道："惟公之生，屹于海滨；阳明宗旨，独得其真；名光宇内，德启后人；维彼桃源，公永藏神。"

除了众多的文章著述外，薛侃也为潮人留下许多值得怀念的事迹。他自己平常执礼甚严，罢官归潮，过潞河，逢圣寿节，参议项乔正行礼舟中，下人来报："小船中有一个人穿着民服，也摆起香案叩头。"项乔说："一定是薛中离。"回到家乡后，他大力提倡学风，议行乡约，希望借助礼教建立地方社会秩序。同时，在"居官则思益其民，居乡亦思益其乡"的理念引导之下，薛侃十分重视修桥造路等善举和农田水利建设。嘉靖五年（1526），他见家乡一带堤围年久失修，"一遇崩溃，巨浸百里，沉庐倾堵，禾稼弗登"，于是便积极向知府王袍进言，力倡重修南堤。该堤起自潮州城南门城角，直至庵埠许陇接澄海界。正是由于这一次的整修，使得在次年飓风来时，"水陵旧堤三尺，其不没者仅一尺"，避免了一场大灾难。嘉靖六年（1527），他见百年前所建的龙头桥仅存其半，于是又说动揭阳县主簿季本进行修复。更值得一提的是，同年冬主持开凿中离溪一事。原来，桑浦山脚有两道溪流，相距十里而互不相通。由于薛侃在桑浦山筑室讲学，对此知之甚详，于是提倡将其开通，以方便民生。他先向知府王袍详细分析了开溪的地气、天时、人力等客观条件，得到了王袍的支持。嘉靖七年（1528）春，他亲自策划主持其事，乘冬季水涸之机，动员一批民众，历时三月而凿通十里长之运河，沟通了龙溪至枫口之水路，使得“农者利灌、商者利贩、居者利运、行者利舟楫”。后人有题诗碑赞薛侃开渠之功，谓“二水跑东西，当中恨隔离。沟通有薛子，终古姓名题”。为了纪念薛侃，后人便称中离洞所在之山为中离山，将薛侃主持凿通之水称中离溪。除此之外，在《薛氏族谱》里还可以看到，薛侃为家乡一带造龙溪都庵头桥、筑许垄子堤、修地美都鸡笼山径路等实事善举。薛侃曾作《漫书自警》云：“贾工时贸易，农稼也已穑，士者竟奚为？漫尔度朝夕。”以此鞭策自己身居民间，应洞察百姓疾苦，与民同乐。他的种种善举也正是他实践其“居乡则思益其乡”，回馈社会的诺言。

中离溪

（图片来自潮汕商人网）

这种重事功而轻学理，将平生所学回馈社会的风格，实际上也是明中叶以降岭南儒学由心性之学向经世致用之学转变过程中一个值得注意的地方。

综观薛侃一生，其师事王阳明，治心性之学，“以良能良知为实学”，成绩卓

中离溪碑亭

（图片来自魅力潮州论坛）

著，不仅深得王学真髓，也为阳明学说在岭南地区的传播作出了巨大贡献。同时，他还十分强调“知行合一”的实践，在朝时则关心朝政，针砭时弊；乡居时则致力兴利除弊，立乡约，兴教化，挖溪造桥，造福乡梓。其义气名节，不论在朝在乡，都得到了高度的评价。嘉靖二十八年（1549），著名学者湛若水撰《宗山祠堂记》对其大加褒扬，文中说“行人尚谦，遭大狱于朝，明目张胆于天子之廷，义气冲空，百折不挠，若有之死而不可回者，则其中之存，与平素之所养，一念真切，浩然刚大之气，无愧于天地，无愧于日月，无愧于鬼神，是宜其在潮感潮，在惠感惠，闻于诸司感诸司”。

翁万达

在梅州市大埔县三河坝汇城虎星山有一座始建于明代嘉靖年间，占地面积达 2 400 平方米的古墓。墓前左右对称竖有石翁仲、石马、石羊、石虎，按明代“礼志”，这是一、二品官的墓制。另外，从墓前还可以看到韩江、梅江和汀江蜿蜒流过，据说古代顺流而下的船只至此因江流曲折，不能扬帆，仿如下旗致哀，逆流而上的船只因水流湍急，船工要俯身船舷奋力撑篙又如匍匐跪行，而夜间因三段水域都有船只灯火，故此墓人称“日受千夫拜，夜观万盏灯”。即使排除“风水”因素，也可以看出这是一块好墓地。

那么这个墓的主人是谁呢？在墓碑上可以看到“明赐进士出身资政大夫兵部尚书赐太子少保谥襄敏崇祀名宦乡贤东崖翁公墓”字样，原来这个墓的主人就是被称为“岭南第一名臣”的明代镇边功臣翁万达。

翁万达墓

（图片来自潮学网论坛）

翁万达墓前石翁仲及石兽

（图片来自潮学网论坛）

翁万达，又名翁仁夫，号东涯。弘治十一年（1498）六月二十八日生于揭阳县鮀江都（今汕头升平区鮀浦镇）举登村，后因奏准四周村民进住蓬洲城而迁居蓬洲。虽然举登、蓬洲今均属汕头市区，但嘉靖四十二年（1563）以前则属揭阳县鮀江都，故《明史》、《揭阳县志》等称翁万达为揭阳人；嘉靖四十二年（1563）置澄海县，鮀江都划归澄海，故《潮州耆旧集》、《澄海县志》等又称之为澄海人。

翁万达像

（图片来自庄久友，庄义青．翁万达诗文选注．汕头：汕头大学出版社，1998）

翁万达的祖父翁可生有四子，第三子翁玉就是翁万达的父亲，号梅斋。尽管翁氏家族标榜着先世乃入闽第七代六兄弟俱登进士的“莆田六桂”，但实际上自翁氏入潮始祖翁雄为避战乱，于明初洪武二年（1369）举家辗转至潮州后，也只是普通的家庭。

万达祖父翁可为人急公好义，后为乡民利益，挺身而出，抗交私派，被里正诬为谋反，判罪谪发外地充军。因为明代的军籍是世袭的，因此在《翁氏举丁族谱》里所保存的《思德堂记》中，可以看到这么一幕：翁可之妻杨氏某日看到有一未成年军人远赴边疆，联想到倘若翁可之难未解，子孙后代也将一直如此，于是便立誓为丈夫申冤。经过不懈努力，前后四次上京告御状，终于如愿以偿，使丈夫得以脱离军籍。不过，在严嵩的《明封资善大夫兵部尚书梅斋翁公神道碑铭》中，翁氏家族曾为军籍的真相被轻描淡写地掩饰，代之的是历来以“诗礼传家”，只是屡试不第而已，杨氏之德也被翁玉坚持18年“为父辩冤”的孝行所取代。其间差异实际也是因当时社会的特殊情况所致，大凡普通百姓之子通过科举而跻身士大夫阶层后，往往会通过修族谱、置族田等方式进行宗族建设，从而提高自身家族的社会地位。不过，为了替翁可申冤，翁玉倾尽家中所有，耽误自身功名也是常理。因此，翁玉便也如大多数做父亲的一样，将全部心血寄托于万达身上，期望他能光宗耀祖。由于祖父两辈之事，万达出身之时家境自然不可能宽裕，但在其父严加督导教诲之下，终于在嘉靖五年（1526）年近而立之时荣登进士第。至于翁玉，其半生的努力终获成功，他也随儿子的功成名就而屡受封赠。

登科之后，翁万达任户部广西司主事，再迁郎中。嘉靖十二年（1533）出任广西梧州知府，期间总兵仇鸾治军无方，纵容士兵为害百姓，翁万达不畏权势，将为首分子绳之以法，如此数年之间，声绩大著，有“治行第一”的美誉。

明中叶以来，明王朝与周边少数民族之间矛盾重重，边境危机迭起。东南沿海有倭寇骚扰，西南有少数民族土官同安南贵族勾结作乱，北边又有鞑靼的时刻威胁。翁万达一生的辉煌业绩也和这些边患有着紧密的联系。

嘉靖十六年（1537），安南（今越南）莫登庸篡位称制，反叛明王朝，世宗命兵部尚书毛伯温等率领大军南征。翁万达被任命为广西征南副使，襄理军务，从此开始了他的军旅生涯。他详细分析了安南和广西境内军事、政治形势，向毛伯温提出可“先平定广西境内各部落之乱，使安南首领莫登庸失去内应”的策略，剿抚兼施，仅一个月，即相继平定与莫登庸互相呼应的少数民族上层分子的叛乱，诛杀了土官李寰、韦应、赵楷诸酋，抚黄朝，擒卢回，磔公丁，招降黄贤相。当兵部尚书毛伯温带兵进剿安南时，翁万达上书提出要恩威并施、莫滥杀征伐。毛伯温采纳他的意见，势孤力弱的莫登庸也深感畏惧，不久之后亲赴明军军营乞降，于是安南平服。

征南一役，翁万达富谋机变，一举而弭内外忧患，军功卓著，为明世宗所赏识。此后，翁万达可谓青云直上、步步荣升，历任四川按察使、陕西巡抚等职，曾督宣府、大同、山西、保定军务。因典边有功，又累迁为右都御史、左都御史等。

嘉靖二十三年（1544），翁万达被擢右副都御史，巡抚陕西。不久又晋升为兵部右侍郎兼右佥都御史，总督宣府、大同、山西、保定军务。期间，他采取了一系列措施，整肃奸贪，任用贤能，粉碎谋反通敌阴谋，为明王朝北部边疆的安定立下了汗马功劳。由于他深谋远虑，知人善任，赏罚分明，身先士卒，因此手下部众往往誓死报答，从而在铁裹门、鹁鸽峪、阳和等诸次战役中屡屡获胜。他认为，只有“饬边备，整军实”，才能“御强暴而绝觊觎”。至于如何“饬边备，整军实”，他提出慎防秋、并兵力、重责成、量征调、实边堡、明出塞、计供亿、省财用等八大措施。其中，“并兵力”一项，可谓独具灼见。他认为大同与偏头关一带外边城为山西藩篱。山西宁雁一带

800 里内边城在大同之南。大同有备，则山西可保无虞；大同失守，则山西内边城数万弱兵又奈强虏何？所以力主撤去内边之兵，合力以守大同。这既省费节劳，又能聚全力以守要塞。这一策略，不仅得到山西巡抚杨守谦等人的支持，也得到明世宗的采纳。同时，他还率众督修大同西路、宣府东路城墙 800 里，烽堠 363 所，这是中国万里长城历史上的三次大修之一。边墙筑成后，不仅有效地阻止鞑靼兵的骚扰，又使戍所官兵得以有闲暇时间进行耕牧，因此边费日省，原来每年所需的 150 万两国库银几乎可以减少一半。

翁万达镇边六年，御俺答军于边墙之外，有力地保卫了山西、河北等黄河中下游地区民众的安全，军功赫赫，成为一位叱咤风云、帝王倚重的风云人物。在他的总督之下，边关一度出现了升平景象，正如唐荆川《塞下曲赠翁东涯侍郎总制》所描写的："湟川冰尽水泱泱，堡堡人家唤莳秧。田中每得鸟兽骨，云是胡王旧猎场。"因此，在北部边事上，明世宗对翁万达的倚重几乎到了言听计从的地步，但是在如何对待俺答请求通贡互市一事上，翁万达的意见却与明世宗相左。通贡互市，即蒙古族首领接受明王朝的封号，按规定向明王朝进奉贡物，然后由明王朝按贡品多寡给予蒙古首领酬赏。在通贡的前提下，双方设定场所，在明朝官吏监督下，由蒙古首领按定数派若干贡使，并按规定时间、物品进行以货易货的贸易交往，以互通有无。这种贸易交换活动，对双方都有好处。由于蒙古的鞑靼、瓦剌各部互不相属，各部之内又分成许多各自为政的小股势力，争夺激烈，因此难以形成强大力量通过战争获取更多的利益，所以他们大多选择求贡之路，三番两次地要求明王朝通贡互市。翁万达镇边多年，深悉边务，在高度戒备的同时，他本着民族和解的愿望，一再上书明世宗，剖析俺答求贡的诚意，力主接纳其通贡互市之请。但明世宗刚愎自用，盲目自信，不把俺答放在眼里，将心思用在曾铣、夏言的谋复河套之议。因此，他不仅没有听取翁万达的正确主张，拒不接纳俺答通贡互市之请求，还在嘉靖二十七年（1548）三月怒责翁万达重提求贡之事，于是通贡之议遂暂告中止。

俺答求贡不遂，果然于同年八月进犯大同，次月又犯宣府。嘉靖二十八年（1549）春，俺答数十万骑兵再次围攻宣府，总兵赵卿在强敌面前胆怯，翁万达令大同总兵周尚文率骑兵赴宣府增援。周军日夜

兼程，到曹家庄与敌遭遇，大战三天三夜，敌越来越多，周部被围。翁万达闻讯，立即亲自带领3 000骑兵增援，部队离敌数十里，忽然刮起强大的西南风。翁万达立刻命士兵将树杈连枝带叶缚在马脚上飞驰，霎时沙尘蔽天，骑兵们又顺风鼓噪，敌军见尘沙滚滚，杀声震天，惊喊：“翁太师（俺答人称明军将领为太师）至矣！”望风而逃。翁万达乘势追杀，打了一场以少胜多的漂亮仗。后来，清代大埔人林达泉在《上丁日昌中丞书》中提到此事时说：“虽李成梁之守辽东，戚南塘（戚继光）之守蓟门，曾无以过也。”明世宗闻知此事大喜，立即将翁万达提为兵部尚书，不久又召其回京主持兵部大事。

明长城大同镇关堡遗址

（图片来自中国商务在线）

此时的翁万达可谓功至名归，踌躇满志，但当他准备进一步大展拳脚之际，家中却传来父亲逝世的噩耗，因此只得匆匆南归奔丧。可是，翁万达离开边关不久，俺答便无所顾忌地兴兵犯境。在他归里的第二年七月，大同失守，京畿震动，因此世宗皇帝下诏要翁回京复任兵部尚书。万达因丧期未满，又加之背疽发作，所以匆忙修书，派义子翁从云携带《乞恩陈情终制疏》上京，请求皇上“待三年服阕而后起用”。因为按明制，大臣若遇丧事，可守丧三年，称“终制（终三年之制）”或“终丧（终三年之丧）”。但因边事紧急，明世宗只好连下两道金牌“夺情”。翁万达感于“特恩”，虽父丧未葬，背疽剧发，仍应召启程回京。潮州距京8 000里，翁万达从家乡连续赶路40天才到达京师，迟到几天。而当时边患又极为紧迫，世宗自是焦急万分，与翁万达有宿怨的仇鸾趁机非难，使他被降为兵部右侍郎兼右检都御史，经略紫荆诸关。

翁万达“好谈性命之学”，但他虽有王阳明弟子之名，却没有完全接受阳明学说，其思想上更为重视外在，强调实行践履，这从其留下来的大量御寇靖边策论中可见一斑。他以年近而立之年登进士第，此后戎马生涯二十余载，期间虽也曾因“佞臣有口自纵横”而愤懑不已，也曾萌生过隐退隐居、独善其身的念头，但正如他自己所述“退公开口难成笑，但看床头翻战图”，其入仕之后始终未尝离开边疆，天南地北，戎马倥偬，了此一生。

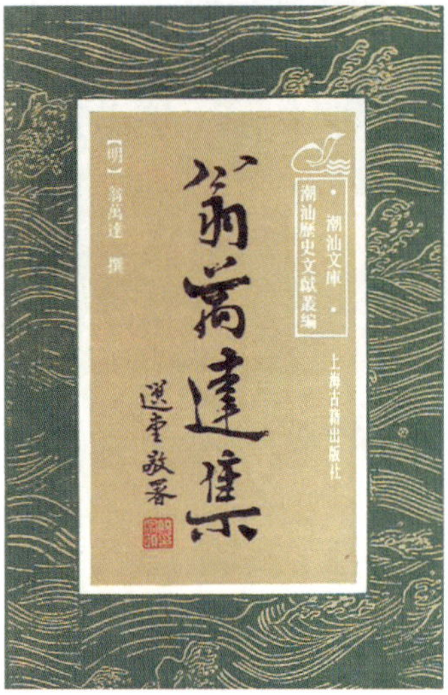

《翁万达集》书影

（图片来自翁万达. 翁成达集. 朱仲玉，吴奎信校点. 上海：上海古籍出版社，1992）

当然，由于常年远离家乡、身处边关，翁万达也是“思乡路远频挥泪”，只是为报君国，时刻所想却是“雕戈直向古丰州”。虽有“却恨当年别，临歧不我留”之心情，但不论是老父幼儿，抑或旧交知己，也都只能“作书万里遥相寄，涕泣叮咛冀尔听”。

直至嘉靖三十年（1551），由于背疽再次发作，54 岁的翁万达乘“京察”，呈上《再辞免重任恳乞陈情疏》，请求皇上“怜臣微悬，收回成命”。明世宗疑其避事，遂免其职。接着又以翁万达的《谢疏》有讹字为由，指摘为不敬，将其削职为民。于是，翁万达“冒暑买车，微服就道”，返回乡里。

嘉靖三十一年（1552），55 岁的翁万达约同友人抵闽游武夷山，途经三河，为当地山川形胜所吸引，就顺便为自己选择了墓地。途中背疽疾发，急忙返回，不幸到福建上杭便病死舟中，时嘉靖三十一年（1552）十一月十三日。其实，在一个月前，明世宗又再次启用翁万达为兵部尚书，但诏书直到十一月十九日才到翁氏家门。翁万达死后 15 年，即明穆宗隆庆元年（1567），其被追谥为襄敏，赠太子太保。

史称翁万达文武全才，勇于任事，为“岭南第一名臣”。其主要作品有《东涯集》、《稽愆集》、《总督奏议》和《平交纪事》等。这些作品不仅对研究翁万达和潮汕文化有重要价值，对研究明代政治、经济、文化和民族关系史也有重要的价值。潮汕历史文化研究中心已将其遗著整理成《翁万达集》，并由上海古籍出版社于 1992 年出版。

林大钦

林大钦像

（图片来自潮商网）

明嘉靖二十四年（1545）八月十二日，潮汕历史上唯一的文状元林大钦在家乡因病与世长辞。这位因敢于直言批评当朝皇帝而获得赏识，并被钦点为状元的人物，在度过了短暂的35个春秋之后，悄然离开了人世。在明代89名状元中，林大钦算是比较年轻的一位，在嘉靖十一年（1532）高中状元时，他年仅22岁，在明朝历科状元中也就费宏比他稍为年轻。纵观中国历代状元录，像他如此年轻就撒手人寰的，也是前所未见。

时至今日，人们还津津乐道地谈论着这位年轻夺魁却又英年早逝的才子。然而，在林大钦所生活的那个时代，他却很快就淡出了人们的视线，在他死后一年，知府郭春震所纂的《潮州府志》中，竟然连他的传记都没有。他留下来的除了《林东莆文集》中那些闪烁的思想和各种各样的传说故事外，就只剩仅有一个石门楼和一大圈围墙的状元府，以及一个不算太起眼的状元墓了。

林大钦墓

（图片来自潮商网）

在“书中自有黄金屋，书中自有颜如玉”的鼓励之下，古代的莘莘学子无不以参加科举考试作为自己未来出路的最重要选择，也无不以中状元作为最高目标。这一切都是因为“状元”二字的分量之重。然而，这位潮汕历史上唯一的文科状元为何在当时的士人们眼中却是如此不值一提？这还得从他那短暂的一生说起。

一、小试牛刀露锋芒

林大钦，字敬夫，号东莆居士，明正德六年农历十二月初六日（1511年1月5日）生于海阳东莆山兜（今潮安县金石镇仙都村）。林大钦生活的那个时代正值中国封建社会的大变动时期。本来，正如历代帝王一样，亲身经历元末烽火年代的朱元璋在建立明朝后，也希冀能建立一个经济发展、社会安定又能受其严密控制的国家。为此，他和他的皇子皇孙们绞尽脑汁制定了黄册户籍制度、里甲管理体制、赋役征收方式以及基层社会教化体系等一系列法规，意图使百姓安分守己，四民各安其业，形成一个超稳定的社会结构。经过一番治理，朱家统治之下的社会经济发展终于超过宋元时代的最高水平。但是，到了正统至正德年间，大明“天下”并未如朱氏皇帝所愿，按其原先期望的路线发展，而是出现了种种弊端，宦官专政，政治腐败，经济恶化，财政拮据，边患迭起……建朝初期定国安边的强大实力已不复存在，大明王朝逐渐陷于内外交困的窘迫局面，底层社会的经济状况更是不断恶化。出生于帝国边陲的林大钦自小也是家境贫寒，但他天资聪颖且勤勉好学，胆识和才气均过于常人。十余岁时，曾随其父林毅斋到潮州城，在书肆中看到苏洵的《嘉祐集》，爱不释手，随即购回家中，日夜研读。此后，又熟读了苏轼、苏辙的文章，故而深得“三苏”笔法。

嘉靖九年（1530），18岁的林大钦考中秀才，但随后因父亲去世，家境贫寒而不得不中断学业。他一边在村里的私塾教书维持生计，一边借助族伯林廷相和林廷泰的藏书自学，从而得以博通百家之言。嘉靖十年（1531），对林大钦来说，可谓家庭事业双丰收。这一年，他在东莆西林孙厝乡孙有庆员外的寿宴上巧遇后来官至兵部尚书的翁万达，当时翁氏已和孙家二女儿结成连理，他见林大钦为人机敏，遂乐当冰人，让孙家三女儿与之结为连理。时林大钦19岁，孙氏方才14

岁。只可惜后来孙氏仅19岁便殒亡。同年，林大钦赴省城考试，得中举人，而且考官王世芳督学对其文章尤为欣赏，极力向巡按御史吴麟推荐。吴麟以《李纲十事》为题复试，林大钦在答卷中考据详核，以忧国忧民、鉴古知今的政治情怀畅谈自己有关治国安邦的独特见解。他分析北宋的衰败是皇帝昏庸和大臣自私所致，言之凿凿，一针见血，以致吴、王二人断言他日后“必大魁天下”。

二、因祸得福摘桂冠

嘉靖十一年（1532）春，林大钦踏上了赴京赶考之路。在礼部主持的会试中，他轻松地获得第十二名贡士，取得了参加殿试的资格。但是，就在林大钦准备前往考场时，却遇到了几个泼皮无赖故意找茬，最后虽然摆脱了纠缠，却已经耽搁了他近半个时辰。在这大明王朝规格最高的考试中，他竟然迟到了。幸好监试官还没有刻意刁难，仍然让他进入了考场。然而，迟到事小，更为不妙的是就在他迟到的那段时间里，礼部派仪制郎中到考场宣布了一项重要规定，并说倘若不遵守规定的话将不予录取。是什么规定要求如此之严？林大钦未曾听到这项规定又如何能夺得状元桂冠呢？

这事还得从明代的科考说起。正如封建中后期的其他朝代一样，由皇帝亲自主持的殿试乃是明王朝选拔人才最高级别的考试。在嘉靖以前，明王朝通过科考也确实擢录了许多有真才实学之士。但是，从嘉靖初开始，科场中逐渐以程式文桎梏考生，文风慢慢转向八股。而林大钦赶考时，正赶上这种程式文体尚未确立而又明文规定必须按规格策试之时。因为在这一年的殿试之前，礼部尚书夏言曾上疏请求端正文风，提出凡是追求辞藻华丽、浮靡不实、败坏风气的文章应一律不予录取。嘉靖帝同意夏言的上疏，并要吏部尚书汪鋐和大学士张孚敬等主考官按照夏言的奏折精神办理。因此，考前礼部派仪制司郎中三令五申宣布考试试卷一定要按照文体规格书写和答对，否则不予录取。林大钦错过的恰恰就是这个关键的环节。

但是，未曾想正是因为这项规定，使得大多数考生在作答时顾忌重重，限制了真才实学的发挥。而林大钦却因为没有任何心理负担，所以泰然自若，信笔挥洒，文章一气呵成，神韵宛若“三苏”。只是文中任意驰骋，用词华丽，完全不合考试程式，可以说完全是违例之作。这也使当时的考官——吏部尚书汪鋐颇感诧异，他怎么也想不出有谁如此大胆，敢公然违反经皇帝批准的考规。诧异之余，汪鋐也不敢擅作主张，因此将试卷送给大学士张孚敬审阅。张孚敬看完试卷后，对其立意和文才大为赞赏，因此尽管有夏言的反对，但最后在他的坚持之下，林大钦的卷子仍然幸运地被排在第三名送给明世宗御览。

清代林大钦高中状元的屏风

存于澄海十五乡陈氏宗祠

（图片来自林凯龙．潮汕老屋．汕头：汕头大学出版社，2004）

更为幸运的是，明世宗竟然对林大钦的文章也是喜爱有加，因此特别钦点他为状元。考前不知规格，考后却意外高中，林大钦的命运在瞬息之间可谓天壤之别。也正因为天子的这份“知遇”之恩，林大钦生前一直都怀着对天子的感激之情和报效之心。当然，林大钦能获此特殊待遇也是事出有因。一来是因为林大钦自小研习苏文，文章明快奔放，这种风格恰好对上了明世宗的胃口；二来是因为林大钦在其试卷《廷试策》中的论述也确实切中时弊，令明世宗眼前一亮。在《廷试策》中，林大钦尖锐地指出当时的弊端是“起于游情，病于冗杂”，尤其是冗员、冗兵、冗费，并直言批评明世宗“惠民之言，不绝夫口，而利民之实惠，至今犹未见者”。在批评之后，林大钦还提出了均田、择吏、去冗、省费、辟土、薄征、通利、禁奢等八大除弊措施。林大钦所说的问题和当时明王朝严重的社会积弊基本相符，其整治措施也有一定的可行之处，而当时的明世宗也还想有一番作为，因此也就对敢于直抒自己整治时弊独到见解的林大钦格外赏识，从而御擢他为当科状元。

三、壮志未酬归故里

状元及第之后，按惯例，林大钦授了翰林院修撰，从此开始了他的仕途生涯。然而，这时的朝纲已由治转弛，早期锐意求治的明世宗也逐渐消沉，甚至不理朝政，放任自己沉迷于方术。因此，林大钦空有报效之心，却无报效之门。嘉靖十三年（1534）林大钦以“母病”为由，疏请归养，此后乡居十余年。尽管林大钦乞归缘起“母病”，这也确实是出于他的孝心；但此后朝廷多次召唤，他却“屡趣不起”，则非“母病”所能完全解释了。

倘若联系林大钦的仕途背景即可发现，这其中别有隐情。首先，林大钦的“知遇”之君明世宗并非旷世明君，林大钦乞归后不久，明世宗日益专横，大兴土木，宠用方士，不理朝政。本来林大钦在《廷试策》中改革时弊的八项措施都是能使国强民富的良策，但嘉靖帝对其文章只不过是叶公好龙罢了。因此，在入仕三年后，他也逐渐察觉到“事非其主”，其主张已是难以实现。同时，对刚刚步入仕途的林大钦来说，他还有一个必须处理却又十分棘手的问题，那就是如何处理与他的座主（即他得中状元时的考官汪鋐和张孚敬）之间的关系。座主门生之谊，自唐而重，明代亦然。林大钦能摘得状元桂冠与这两人有一定关系，但是这两人却又是朝臣们所侧目的权奸，林大钦的同乡薛宗铠就是因弹劾汪鋐而被杖杀。这种种因素不仅使林大钦受到较大刺激，也使他觉得自己在仕途上难有作为，于是便选择了辞官归隐。后来虽有朝廷屡次召唤，他也托词不就，而是选择到其少年时代读书的华岩山结庐讲学，“与乡子弟讲授六经，究性命之旨”。

值得注意的是，此时明王朝的政治腐败与经济发展所形成的新的冲突，也使思想文化界出现了反传统的呼号。因此，王阳明创立的“心学”很快便风靡学林，“厌常喜新”蔚为风尚。据黄挺先生等人的说法，林大钦乃是王阳明的私淑者，在他出仕之前就已经受阳明学说的影响。这显然是受当时潮州学林风气的影响，因为当时潮州各地名宦（如薛侃、翁万达等）有很多是阳明学说的崇拜者，以致连王阳明自己都说“海内同志之盛，莫有先于潮者”。此外，林大钦的同年与同僚中，也有许多心学名家，如王畿、钱德洪、徐樾、林春、赵贞吉、罗洪先等。林大钦虽未经王阳明的耳提面命，但因与这些王门弟子有密切交往，故而也深受阳明学说影响，其回乡讲学的讲稿《华岩讲旨》，便是他心学研究的代表作，这份讲稿鲜明地体现了王阳明倡导的“良知之学”思想。这一时期林大钦的思想和行为，也鲜明地表现出潮州王门学派强调修养与践履相统一的学术特色。一个突出的例子

就是嘉靖十六年（1537）明世宗诏毛伯温讨伐篡位的安南莫登庸，以翁万达为副使。林大钦便就此写信给翁万达，对此次用兵提出异议，可谓将治学心得推及彝伦日用。

四、英年早逝留嗟叹

刚回家中时，林大钦虽有摆脱樊笼、啸傲山林之乐，但一开始没有安居之处，曾“迁借无常”，后来念及老母垂暮，为养母故营造府邸，只是“力之不逮”，又觉得“土木之华，豪杰所耻”，因此进展缓慢。后来母亲去世，他就觉得没有必要将宅第建成，这也是当年状元府只落得“府存墙而无堂屋，门存框槛而无扉”的原因。然而，尽管林大钦悉心照料，林母还是离他而去。由于过度悲痛，在葬母回还途中，他便病倒了，其咳血症也日益加深，苦熬五年之后，在嘉靖二十四年（1545），这位敢于直言批评当朝皇帝的状元郎便在家乡郁郁而亡，年仅35岁。按理说，敢于针砭时弊且又状元及第，荣归故里且又紧跟时代潮流的林大钦，在家乡应该有很高的威望，甚至可以作为青年学子的楷模。但是，在一年以后成书的《潮州府志》中，竟然没有这位文科状元的传记，这就显得有点不合常理了。那么，为何他死后却很快为当时的士人们所淡忘呢？难道仅仅是因为他英年早逝而未留下更为显赫的功名么？

状元第
（图片来自中国林氏宗亲网）

其实不然。这其中的原因主要在于而立之年前后的林大钦在思想和行为上所出现的一些变化。他不仅逐渐脱离阳明学说在理论上的那种贵族化倾向，逐渐趋于平民化，而且也不再关心时政，甚至有些离经叛道的倾向，连“立德、立功、立名”这个士大夫们心中的正统价值准则都被他所否定。这在其《驳〈左史书〉》一文中表现得最为明显。此后，他逐渐相信世俗所谓是非善恶的标准不可依凭，也越来越没有功名之心，而是放任自己随心所欲地“逍遥自然”。实际上，阳明学说得以在明代勃兴，有一个重要的原因，就是它让莘莘学子获得文化正统更为方便。因此，作为王门弟子的明代士大夫们都有一种把国家文化正统普及于乡村基层的社会责任感。而林大钦的这种遁世心态和行为显然就与之背道而驰了，因此当时的士人们也就不再关注他的事迹了，包括他的死。

当然，林大钦隐居山林期间的心情也并非真的能平如止水，即使是在否定“读书明理”之后，在其诗文中也仍经常流露出壮志未酬、无可奈何的惆怅心态，正所谓“壮心徒激烈，岁暮将若何”，“每从风雨殊烦恼”，“谁将造次嗤荣辱”。无奈“空余千古思”，只能独自悲怆而嗟叹。

东莆悄然而逝去，空留嗟叹在世间。由于安贫乐道的秉性，林大钦生前就已穷得连状元府的筹建工程都要仰仗连襟兄弟工部侍郎陈一松、兵部尚书翁万达的资赠，而且这项工程到他病逝都未能竣工，如今只剩得那一圈围墙和一个石门楼而已，其残败景象令人心酸。他死后所御赐的所谓“状元粮山”也只不过是一片墓地。难怪在位于潮安县桑浦山状元埔的“状元及第翰林院修撰东莆林公墓”的墓碑上，其孝子天继会赫然刻下“泣血”二字。

《林大钦集》
（图片来自林大钦．林大钦集．黄挺校注．广州：广东人民出版社，1995）

不过，作为潮汕地区唯一的文科状元，林大钦除了其6卷《林东莆先生全集》和2卷《策对》等遗著外，倒也留下了诸如改名、善对、定亲、过河等许许多多脍炙人口的故事。

林大春

林大春（1523—1588），潮阳县人，字邦阳，号石洲，因仰慕东汉处士井丹的高风亮节而以“井丹”为字，故世称“井丹先生”。祖为潮阳砂浦的渔川公林仁，父亲乃奉政公林杉。嘉靖二年（1523）十一月三日，林大春出生于潮阳棉城镇。出生三天后，他突然不吃奶，母亲见其已无生机，便置于门屏间，次日其祖母察看时，发现还有气息，忙叫其母亲用树叶卷成筒状给他灌奶，由此才捡回了一条小命。幼年时，林大春身体十分羸弱，到三四岁时还不会说话。但他颇有天分，稍长之后，其父亲教他读书，他竟然经常语出惊人。青年时期，林大春已颇具文才，17岁时补博士弟子员。嘉靖二十二年（1543），林大春在府试中名列前茅，被“召置五经馆下”，随即参加省试并得中举人。但是，第二年他上京赴考，却名落孙山；三年后再次上京赴考，同样不第。于是，他有些心灰意冷，遂与好友陈宗鲁一起在城北鸣莺亭潜修，探究性命之旨。

林大春像

（图片来自吴勤生．汕头大博览．香港：香港文化传播事务所有限公司，1997）

嘉靖二十九年（1550），林大春第三次北上赴考。廷试时，分读卷官都谏张侃非常欣赏他的文章，并将其推荐给严嵩。严嵩觉得文章虽好，但其文体似汉，可能不对皇上的胃口，

严嵩像

（图片来自历史千年网）

故而没有推荐给皇上。最后，林大春只获得三甲进士，不过却也因此而知名朝署。

当时，权相严嵩执握文权，思慕林大春之名，欲招致门下。为此，他曾先后让其儿子和门客去游说林大春为其司奏记，但都被林大春以病推脱。后来，严嵩又派人暗示林大春“吏部选新进士入中书直阁”时，已将其列为首位，但仍遭他拒绝。由于不愿趋炎附势，结果他只被授行人司行人一职，出使陕甘。途中颇有些达官贵人馈赠金帛，但他洁身自好，一一谢绝。后来，他奉旨出泉南（今泉州），赐葬已故侍郎张岳，又拒不收受“故大臣家赠金”。皇命完毕回京，被封为迪功郎。

嘉靖三十五年（1556），如果按照常规，新进士试用期满的林大春应该选充台谏，任御史或给事中、谏议大夫等职。恰巧这年又是三年一次的“大计”（即考核各地官吏）之年。但当时，潮阳令莆田人黄休泰不知为何人弹劾，他怀疑是林大春所为，便向同乡冢宰（吏部尚书）诋毁林大春。结果，林大春只被授为户部主事，以致京师哗然。尽管当天冢宰因其他事获罪，但林大春任职已定，也就没有重新任用。于是，他便和蒲州何东序、福建戴科、汝南赵贤等共署郎事，专为尚书起草奏疏。当时，嘉靖帝曾锐意政事，经常半夜派遣中使下御札于各部，并要求立即回报。一旦遇此情况，户部尚书方钝就立马传见林大春，让他拟疏上呈。他所拟的奏疏，往往能合帝意，因而极受尚书看重。当时，林大春因思亲心切，时常闷闷不乐，甚至托病不会客。方钝得知实情后，便特派林大春护送 25 万帑金以饷辽东军队，让其乘隙归省。

第二年，林大春回京复命，途中因病耽搁了几天。新任尚书怪林大春等使员迟迟未返户部任事，便上书弹劾。奏疏正盖章上封，恰好大春赶到，尚书大骇，遂把大春之名从奏疏上除去。大春极力为同僚辩解，但尚书不听，结果除林大春留掌部事外，其他几位同僚均被贬黜。嘉靖三十八年（1559），因林大春成绩显著，故而其父被诏封为“承德郎”，其母被封为“安人”。

回朝途中，林大春曾跟随众官员到西苑直庐谒见严嵩，严嵩见林大春感叹道：“古代有只能闻其名而不能见其面之贤士，说的就是你吧！”同行官员一听这话，还以为林大春与严嵩有故旧之谊，但看大

春的拜帖，落款却不称“门下”，只写“户部主事”的官衔而已，因此都大感诧异。林大春解释道，汉代董仲舒拜见宰相，谒帖也只写“江都相”之衔而已。众官员无不叹服。

明代中后期，宫廷权力斗争异常激烈，嘉靖在位期间亦是如此，在朝大臣往往难免卷入其中，一旦处置失当，很有可能祸及己身。不过，任户部主事期间，林大春在主持一件涉及宫廷中权力斗争之事时，却处理得十分得当。原来嘉靖帝一直没有处理好皇储问题，直到嘉靖十八年（1539）时才册立庄敬太子，同时封裕王和景恭王。不久，太子薨，但嘉靖帝因迷信不想再册立太子，以致未明确裕、景二王谁能继承大统。不久之后，裕王长子五岁夭折，户部选派林大春协同司礼内侍择地安葬。司礼内侍因依附一直心怀叵测的景王，故而对皇太孙丧事不仅未认真处置，还以蟒袍玉带迎接林大春，林大春则坚持素服相见。司礼又在择地过程中要花招，要以老王废冢附葬，林大春认为不敬，坚决反对，最后附葬于窦太皇太后陵墓。经此一事，林大春估计宫人大多依附景王，便将此情况密告少傅徐阶，并献谋请景王出封就国，由此避免了一场争夺太子之位的内讧。

与此同时，林大春升迁员外郎。同年，御史耿定向上疏弹劾吏部尚书。因林大春与耿定向和姜宝、王会、胡直交往不错，吏部尚书怀疑大春等四人协同谋划，便将四人疏请外放任佥事。尽管京城舆论对此都深抱不平，并号其为“四君子”，但林大春还是于嘉靖三十九年（1560）出任湖广江防佥事。其时，为乘隙回乡省亲，他取道江西。路经广昌时，碰上流贼围城，他策运方略，化解城围后，才急急南归，但到家时却得知母亲已去世三个月。

嘉靖四十二年（1563），林大春居家守制未满，正值倭寇大举进犯。倭寇在潮阳城外焚烧民舍，发人冢墓，掳掠一空；又造临冲之车，环城而攻。林大春力倡拒守，与县令郭梦得招募踏头（达濠）兵四百多人，入城分布各门，与倭寇对垒，相持五十余日，终于击退贼兵。在守城期间，分巡张冕也督兵参加防御，并派其同乡心腹萧心为将。但萧心“心谋不轨，首鼠两端”，被士民击杀。张冕上书按院陈道基，诬告生员萧某、郑某等十余人“妄杀良民”。林大春闻知异常激愤，立即致函按院，备述原委。陈道基深信林大春所言，当堂烧焚张冕原状，使萧、郑诸生员得以洗雪。

守制期满后，林大春起补河南睢阳陈州道佥事。他“守正执法，不避权贵”，当时高拱得宠，其门徒犯法无人敢予惩治，唯独林大春按律将其处斩。嘉靖四十五年（1566）又逢朝廷“大计”，大春按例回朝。不料，恰逢高拱复相，于是高拱衔私怨，捏造罪名，使大春被削职归里。

高拱像

（图片来自国学频道网）

第二年（1567），隆庆帝即位，河南道巡按颜鲸上疏为大春辩枉。不久，高拱再度免相，吏部遂起用大春为广西苍梧道佥事。苍梧道本来兵备盎漫，林大春到任后与督抚吴桂芳十分友善，合力整饬兵备，又改营房为瓦房以减少火灾，从而使得苍梧兵备面貌焕然一新。时兵部侍郎谭纶与总兵俞大猷督军剿倭于蓟辽，慕名拟聘林大春为幕府参谋。林大春不愿离开苍梧，推荐张时。同年，隆庆帝为示嘉奖，诏封林大春之父为奉政大夫，母为宜人。

隆庆二年（1568），林大春改任浙江提学。隆庆帝为册立太子，诏令各地选拔诸生入贡太学。林大春以发现人才、奖掖后进为己任，集中两浙生员2 000多名，会于武林，挑选了90名赴试，结果“适试首选者六人，余悉高等”，殿阁大臣无不称异，通令各地今后选取贡士当以浙江为模式。吏部尚书杨博嘉许林大春能力，特为其疏请晋秩宪副，仍督学浙江。不久，隆庆帝诏修世宗实录，林大春奉命在浙江广泛搜求有关人物，著成列传若干卷呈进。隆庆帝批下史馆礼官会阅，审议十日，皆无异词，隆庆帝非常满意。于是，林大春声名鹊起，京、省学官纷纷致书询疑，吴越人士频频渡江问业，更有邀大春莅临讲学者。为此，林大春足迹遍于两越。

隆庆三年（1569），杨博被谗罢官，高拱再度起用，并兼掌吏部。在朝浙江籍居要职者，深知高拱对林大春未释前嫌，又记恨大春过去多次拒绝请托，所以攻击林大春所拟试题有讥刺大臣之语，以激怒高拱。高拱的心腹带头上书弹劾大春拟题“断裂经义”。于是，高拱向隆庆帝诬奏大春“高自标题，树立赤帜”。结果，林大春再次被免职归里，时年仅48岁。临走时，浙江士子沿途相送，“络绎不绝”。他

两袖清风，只带回数箧书籍，门生说他“家居仅立四壁”。居二年，父亲去世，大春得以亲为送终，悲痛之余，他自嘲地说：“假使当年新郑（高拱）不复挤予，予安得有今日哉。”

隆庆六年（1572）春，隆庆帝（穆宗）去世，万历帝（神宗）即位。高拱再度罢相，张居正任首辅。岭南镇巡诸公先后有十多人疏荐林大春。当时，适逢张居正奔父丧，因此有人建议林大春凭着一手好文笔，写篇“诔辞”作为荐身之策。但大春不为所动，他已看透官场的黑暗和权贵相互倾轧的严酷。他一针见血地指出张居正“负才欠学，动多躁妄，必及于难”，不久果如其言，张居正“以擅权败”而被抄家。

由于生性耿直，拒交权贵，因此自隆庆间被免职回乡后，林大春就未再获任用。从回乡至去世的18年间，他一直在家潜心著述，“不事干谒”，“以翰墨自娱”，并有《井丹诗文集》存世。当然，作为嘉靖至万历年间潮州地方最有影响的士大夫之一，林大春在家居期间还一直关注并介入地方和乡族事务，比如组织乡兵抵御倭寇、多次干预官府招抚海盗并在潮阳沿海安置“抚民”的举措、结交地方官员并就地方事务建言、参与公共设施的修建和地方文化建设、编修《潮阳县志》等地方文献，等等。他的这些举动对正处于地方动荡、社会重构时期的潮州社会产生了深远的影响。

郑　旻

在潮汕揭三市交界的地区，有一个古朴而美丽的片乡，名叫邹堂。该乡现隶属于揭东县地都镇，包括乌美、枫美、仙埔、南陇、钱后等自然村，主姓郑，约25 000人。它背倚桑浦山，面朝榕江水，自古就是鱼米之乡。在科举时代，邹堂郑氏曾产生过1名进士、5名举人、80名贡生，科举之盛，令人称赞。邹堂乡人最引以为自豪的则是“郑氏祖祠”与“科第世家”石牌坊。邹堂郑氏祖祠俗称“始祖祠”，位于乌美村，乃第十五世郑其崇于康熙四十四年（1705）中举之后归故里所建。“科第世家”石牌坊坐落在祠外，它见证了邹堂郑氏一族的荣耀与辉煌。当然，在这些光辉的回忆中最为耀眼的人物当属邹堂郑氏家族史中唯一的进士——郑旻。

郑旻（1517—1576），字世穆，自号埊山，因官至贵州左布政使，故有“大方伯”、“布政公”之称。少年时，郑旻就以“博学强记”而闻名乡里。及长，入海阳县儒学。嘉靖二十二年(1543)与被提学副使遴选为该年度贡元的潮阳林大春（字井丹）同赴广州求学，同年八月参加癸卯科乡试，惜未能上榜，至嘉靖二十五年(1546)方中“谢颐榜”举人。此后，

邹堂郑氏“科第世家”坊

（郑智勇摄）

郑旻又几次参加礼部主持的会试，至嘉靖三十五年（1556）终成“诸大绶榜”进士，时年34岁，从此，开始了他卓有成就的官宦生涯。

一、不激不随斗严嵩

王世贞像

（图片来自中国广播网）

郑旻及第之后，初授兵部主事。当时正值严嵩专擅国政，窃权罔利，拉帮结派，排除异己。严氏有意笼络郑旻，但郑旻不为所动，严氏便对他怀恨在心，伺机打击。嘉靖三十六年（1557），即郑旻及第的第二年，皇城奉天、华盖、谨身三殿被灾。严嵩遂奏请由郑旻主持三殿修缮工程，妄图通过委办这一任务繁重而又时间紧迫的工程，使郑旻有所闪失，以便乘机中伤。未想郑旻却“措置得宜”，非常出色地完成该项工程，并由此而得到嘉靖帝的奖赏，“荷赐银币”并升为兵部武选司员外，再迁车驾郎中。据说郑旻也因此而与严嵩结怨，至今，邹堂乡仍然流传着一些后来郑旻智斗严嵩的故事。也许正是因为这件事给他带来的声誉，所以后来著名文学家、学者王世贞在编《杨忠愍公遗集》时（杨忠愍公即杨继盛，乃因弹劾严嵩而死的直谏名臣），还专门交由时任大名知府的郑旻刊刻并作跋。在这篇序文中，郑旻盛赞“杨公成仁之志，虽与日月争光可也”，并慨然道，“呜呼！忠义之心，秉彝固有，读公是集者，有不感发兴起乎？……其惓惓是集也，崇正敦教之盛心，魏士尤知向往云”。

二、功超寇准誉大名

嘉靖四十五年（1566），郑旻丁母忧期满，起补为兵部职方司郎中。同年十二月，嘉靖帝驾崩，郑旻亲自提军护卫西华门，为特殊时期皇城的安定作出了较大的贡献。因此，隆庆帝登基改元后，嘉奖有功将领时，郑旻也得到了隆庆帝的充分肯定。同时，作为职司支发的兵部职方司郎中，他还领得“内帑银累巨万”，并按名册亲自发给将士，一时声誉蔚然。

隆庆二年（1568），郑旻出任大名府知府。明代的大名府乃北宋的陪都北京（南宋为开封），寇准尝以使相镇守于此，故有“北门锁钥”之称。郑旻在兵部时，以“曹参佐大司马控扼南北巨浸，负天下之重望者久”，所以，当他出任大名知府时，大名士民以“莱公（即寇准）期之”。任职期间，郑旻也不负众望，着实为百姓办了许多实事，功与寇准相埒，因此，时人不仅视其为“今之莱公”，而且还称他“尤加意于文教”，是“莱公之所未暇展布者”。可见，在时人看来，郑旻对于大名的贡献甚至要超过一代名相寇准，此等声誉在大名府历任长官中也就仅此一见了。而这和郑旻在大名的治理措施无不密切相关。

重修后的大名府古城墙

（图片来自河北经济网）

大名地重民富，以前的历任知府大多拥有厚资。郑旻上任后，先正己身，拒收馈赠，然后裁汰公堂火耗扣役各种陈规陋例，使大名吏治顿明。同时，他通过调查，了解到大名府地方最大的政弊就是“马地银”。所谓“马地银”，即官府按编户地亩分摊收取养马的役银。但当时的情况是，人民的土地多为豪右所兼并，养马的赋役又早已废除，而官府却仍然要向广大没有土地的人民照收役银，以致死于非命者比比皆是，民怨沸腾。因此，郑旻亲自入京通过冢宰，奏请蠲免，最后，终于得旨豁免了大名府的“马地银”，故大名一府，“民深德之”。

期间，郑旻还建设河堤，巩固城防，使大名“俨然一都会”；修复学宫，使其“崭然一新”；大力培养人才，使大名“文教其蔚以兴矣”，故论者赞曰“虽文翁之治蜀，何以越是哉！”也正是因为这种种措施，使郑旻在大名士民中获得了良好的口碑。

三、恩威并施服苗瑶

隆庆三年（1569），因父亲辞世，郑旻回乡守制三载。隆庆六年

(1572)，郑旻终制服阕，起补河南归德府知府。归德地控江淮，向来贼寇横行，有些还与地方豪右勾结，为害地方，民众深受其害，但历任归德长官都无法根治。郑旻莅任后，决心为民除害，遂巧设方略，募死士，悬赏格，终将惯匪捕捉归案，斩之于市，四境从此得以安宁。

万历二年（1574），由于政绩显著，郑旻被提升为贵州按察使司提学使，隔年又转任山西按察使司提学副使。在此后不长的一段时间内，他又多次得到升迁。先是在万历六年（1578）升任湖广布政使司参政兼督粮储，三年后（1581）再升任四川按察使司按察使。万历十年（1582），在60岁高龄之时，又升任广西布政使司右布政使，次年又迁为贵州左布政使。短短数年时间，郑旻从家乡赴山西，下湖广，进四川，再入贵州，辗转了大半个中国。在当时的那种交通条件下，其大部分时间也多花费在长途颠簸之中，以致少有宦绩见载。

不过，郑旻在贵州的短期任内，却是政声卓著。贵州左布政使乃是贵州全省最高行政长官，这也是郑旻生前宦海最后的一期任职，由于明清时期称布政使为“方伯”（“方伯”为古代诸侯中的领袖之称，后泛称地方长官），所以他也被称为“大方伯”，但其家乡邹堂人则称为“布政公”。明代贵州地领今贵州省及川南部分地区，其中苗瑶杂处，向来以难治著称。由于地处西南，交通不便，经济落后，再加上官场腐败，土酋与官吏相互勾结，赖赋抗税，盘剥百姓，以致民怨载道，社会不安。

因曾任贵州按察使司提学使，对当地的情况比较熟悉（期间郑氏还曾作《牂牁江解》），所以郑旻一上任，便雷厉风行，恩威并施，迅速掀起一场打击赖赋抗税的运动。他不仅对少数拥众盘踞、收买官吏、赖赋抗税的土酋实行坚决的打击，同时还全面清丈土地，责令土酋应与民众一样供输赋税，因此一时之间，苗瑶奔走相告：“郑布政廉正不可犯。”紧接着，郑旻把注意力转移到对官场腐败问题的整顿上。他先是以身作则，身体力行，然后对于一切钱粮储积，度支经费，都悉心稽核，从而使得“苍猾不敢为奸”，官场风气遂焕然一新。可以说，郑旻的安邦之略，经济之才，在这时得到了最大限度的发挥。也正是在这期间，郑旻还亲自制定了开凿由黔北思南府直达川中的运河，以改善贵州运输交通、农田灌溉条件的方案，可惜方案未能实施，他竟因积劳成疾，病逝于任所。贵州士民感念这位廉正的布政使，祀于名宦祠。

四、刻书留言扬正气

郑旻为官20年，历任兵部主事（正六品）、兵部武选司员外郎（从五品）、兵部车驾司郎中（正五品）、兵部职方司郎中（正五品）、大名府知府（正四品）、归德府知府（正四品）、贵州按察使司提学使和山西按察使司提学使（从三品）、湖广布政使司参政（从三品）、四川按察使（正三品）、广西布政使司右布政使、贵州布政使司左布政使（从二品），可谓稳中上进，步步高升。这20年中，他跨越嘉靖、隆庆、万历三朝，经历过严嵩、徐阶、李春芳、高拱和张居正五代首辅，在当时激烈而又复杂的官场倾轧中，他始终保持着“正身率属，不激不随”的廉正气节。他不仅身体力行，而且还以刻书留言等方式不断地传播他的理念，这从他精心校正俞大猷的《正气堂集》并为之作序、刊刻《杨忠愍公遗集》并为之作跋、重刻刘劭的《人物志》等事情中就可见一斑。

《正气堂集》乃明代抗倭名将俞大猷（1504—1580，字志辅，号虚江，福建晋江人）的个人文集。俞大猷为使当时执政者和后人从中汲取鉴戒，委托幕僚、挚友李杜将其文章编纂成集，因母丧回乡守制的郑旻则受李杜委托进行校阅文字并作序。李杜以大猷一生身具“浩然正气”，“每书正气堂以见其志”，于是给取名《正气堂集》。该文集于嘉靖四十四年（1565）刊刻出版。此后俞氏又多有新作，李杜继续为他编纂成《正气集近稿附议稿》、《正气堂续集》、《正气堂馀集》等出版，而文字校阅工作仍委托郑旻完成。郑旻给《正气堂集》校正文字和作序，可能还有一个重要的原因，即他对倭寇深恶痛绝，因而对抗倭名将敬重有加。自洪武二年（1369）倭寇惠潮诸州

俞大猷楼船击倭

（图片来自丁日昌编《百将图记》，该书为清代木刻，现存于汕头大学图书馆）

始，到嘉靖四十三年（1564）近二百年间，东南沿海包括郑旻的家乡潮州府倭患不断，乡间盗贼又或与倭寇相互勾结，百姓受害极深。嘉靖四十三年（1564）三月，俞大猷任广东总兵，取得了潮州“邹堂之捷”。此后，俞大猷又乘势大败侵犯广东潮州、惠州的倭寇，消灭、活擒倭寇2万多人，使得广东沿海一带得以暂时安宁。俞大猷不仅深谙军事，而且忧民忧国，他笔下大多是经邦济世、保家卫国之类的文章，文中总是洋溢着精忠报国之志，因此，郑旻在序文中称“非其才之兼而气之完，乌能如此乎？”

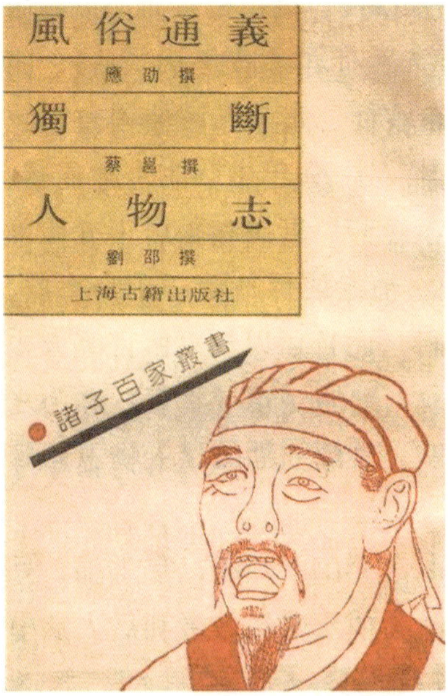

“诸子百家丛书”本《人物志》书影

（图片来自刘邵．人物志．上海：上海古籍出版社，1990）

《人物志》是三国曹魏政权后期人刘劭［字孔才，约生于汉灵帝建宁（168—172）年间，卒于魏正始（240—249）年间，广平邯郸人］撰写的一部专门研究人才问题的理论著作。刘劭在《人物志》中提出了自己的一整套人物品鉴的原理、原则和方法。尤其是在品鉴人才的本质方面，刘氏以古代“元气”、“五行”、“阴阳”等太极思想和学说来解释人才的某些本质性问题，提出人的质、形、性、才、能的本质及其相互关系。

郑旻深知此书在考察地方吏治方面的重大作用，认为它的确有“知人安民之道”和“使官不易方而太平用成”的作用，也就是说，它对加强地方的封建统治有不可低估的参考价值。但是，当时《人物志》已近散佚，存在的书页文字大多数看不清楚，很难辨认，如果再不救护，进行重新整理，有可能不会存世。为了保存历史文献，同时也为朝廷选拔人才提供可资参考的标准，郑旻立意重新刻印《人物志》。在《重刻人物志跋》中，他指出“三代而下，善评人品者，莫或踰之矣”，“后世欲辨官论材，恶可以不知也”，真可谓用心良苦。郑旻所主持重刻的《人物志》，质量也堪称上乘，该刻本藏书界称为“明隆庆刻本”，北大图书馆作为善本收藏。1990年上海古籍出版社出版“诸子百家丛书”，其中《人物志》便是据隆庆刻本影印。

五、关心桑梓留芳名

郑旻自从考中进士后，虽长期在外为官，但他仍然经常关注着家乡的情况，在几次回乡的短暂时间内，也对家乡建设颇有贡献。

嘉靖四十二年（1563），郑旻在京城闻知母亲沈氏去世噩耗，回乡“丁内艰”守制三年。期间，郑旻在家乡建造了“峚山园”，并进一步深研、传播朱程理学，与友人名流在“集美楼”探讨学问，一时之间峚山园“往来有鸿儒，出入无白丁”。在此期间郑旻也著有《峚山谈言》、《裒拙集》（惜已散佚）。明代就有学者评论：“嘉靖以策取士得人，如邹应龙、林润以直节，邹善、郑旻以理学，陆凤仪能谏，姚汝循工诗，为不负科名云。”

潮州府城郑旻故居

（陈贤武摄）

万历二年（1574），郑旻再次回到家乡，并应友人刘子兴、章熙等之约，游览海阳县儒学，又承教谕曾守谅、训导黎维藩所托，写了《海阳县儒学前街建坊辟路记》。老友林大春为该记书丹。这篇碑记是郑旻晚年力作，其内容对于研究他的生平及思想有重要的意义。在记文中，郑旻表达了希望世人能“敬慎德隅”、“齐贤希圣”、“顺正行义”的思想，并称若能“如是，乃为成人有德，小子有造；如是，乃为无负我侯化民成俗之意”。大约同时期，郑旻还写了《潮阳县知县肖野郭侯去思碑》（文见林大春《潮阳县志》），此时距离郭侯梦得离任已有十载。《去思碑》所倡导的“廉干”思想，所希望的“所居民富，所去见思”的宦绩，至今对我们仍有启迪作用。

在家乡的这段时间，郑旻还倡修了用于灌溉山坑田的鸡笼山坑，并将坑水分成两道，一道让给了邻村鮀西，还专门就修坑及分水道之事撰文勒石立碑，以示后人，此事后来在乡间传为美谈，可惜该碑石已不得而见（据乡人讲，可能毁于“文革”期间）。

六、科甲世家德泽长

万历十二年（1584），郑旻病卒任上，终年62岁。这一年秋试，其长子郑育渐正好中举。次子育雄又于天启七年（1627）被荐为乡贡生，又次育巽，长于书法。曾孙郑匡夏，为清顺治十一年（1654）举人。玄孙郑逊为贡生，郑溶为拔贡，郑其崇中康熙四十四年（1705）举人，时合称“三郑”。正所谓德泽绵长，不愧科甲世家云。

郑旻卒后，讣至潮州，长子郑育渐急赴贵州，匍匐万里扶柩归乡，于海阳登荣都（今潮安归湖）彩凤岭按制营葬，惜其墓已毁。

现潮州太平路英聚巷口大方伯故址

（陈贤武摄）

为了怀念这位有口皆碑的先贤，潮州府、揭阳县都在乡贤祠中供其神位祀拜。潮州府还专门在英聚巷口（今潮州太平路）为他建造了“大方伯坊”。明代官至布政使的潮州人还有刘子兴、黄琮、黄文炳等，但能独享建“大方伯坊”纪念这种特殊待遇的，仅郑旻一人而已。为官二十年，郑旻曾提军，曾主持建筑工程，曾抓过教育，曾为府、省行政长官，所到之处，以忠君爱民为己任，以廉正具方略著称，声誉赫然，堪称雄才大略，一代俊杰。清光绪间，揭阳县教谕、新会人李星辉在编修《揭阳县续志》时，称赞郑旻是明代揭阳“卓然不朽”的“八公”之一，与翁万达、薛中离、郭之奇等齐名，并作诗为颂。李星辉诗云：

丰裁岳立气如虹，五马寻闻报政隆；
庭有悬鱼门似水，野无佩犊境移风；
蕃宣谢土宜申伯，疆理淮夷比召公；
见说甘棠遗爱在，祠堂今尚祝文翁。

郑氏生前交游颇广，故仙逝之后，其友人均哀叹不已，林大春、周光镐各有《祭郑方伯文》，王叔杲也有《哀二贤诗》，以示哀悼。

现存潮州归湖的郑布政墓

（郑智勇摄）

郑旻不但政绩突出，学术研究和文学创作也颇有建树，可惜其著作大多散佚，现在只存少量诗文，如诗《守岁即席漫赋》、《咏嘉鱼夜月》、《高真观》、《岁晏过雪山关》和《山西“长平之战”遗址》，还有《杨忠愍公遗集·后序》、《潮阳县知县肖野郭侯去思碑》、《海阳县儒学前街建坊辟路记》等。但在其存世不多的诗文中，却能隐约地看到他对当时诗歌“古体宗汉魏”思潮的回应与践行的影子；从文学发展史上看，他甚或是“前、后七子倡扬的文学理论的集大成者”，“与时俱进的文运的推波助澜者”[彭妙艳语，见《郑旻诗文辑存》（增订本）序]。

林熙春

在“国家历史文化名城”潮州，古城牌坊街是最具名气的景点之一。潮州的古城牌坊主要集中于市区太平路和东门街路段。据资料记载，太平路自明代以来建有47座各种风格的牌坊，形成了全国罕见的特殊景观。尽管由于各种原因，这些牌坊或被毁坏，或被拆除，但值得庆幸的是，2006年潮州市启动了古牌坊修复工程，使人们得以重新目睹这一颇具历史特色的文化景观。

其中，在太平路分司巷口北侧有一座“三世尚书”坊尤为引人注目，该坊乃因林熙春及其祖林瓒、父林乔樌得赠户部尚书而建，其坊南又镌“四朝大老”。“四朝”所指乃林熙春历官于明万历、泰昌、天启、崇祯四朝。“大老”则是指称资深望重的大官和德高望重的老人。在潮汕先贤中，能像林熙春般获得如此殊荣者，甚是少见。

林熙春像

（图片来自吴勤生．汕头大博览．香港：香港文化传播事务所有限公司，1997）

林熙春，字志和，号仰晋，海阳龙溪人（今潮安县庵埠镇宝陇村）。生于嘉靖三十一年（1552），卒于崇祯四年（1631），终年80岁。

明万历十年（1582），林熙春得中举人。次年中进士后，初授巴陵县（今湖南岳阳）知县。到任后，他立即着手清除苛捐杂税，豁免繁重差役，使百姓负担减轻，地方秩序井然。任期满后，他本准备回朝交差，却闻知母亲逝世，遂请假归家守制。丁忧期满后，起用补将乐县（今福建将乐）知县。将乐县乃北宋著名学者杨时（号龟山）的故乡，林熙春到任后，便为其建造祠堂，并为《龟山文集》作序。同时他还修造学宫，大力培养人才，为当地教育事业的发展作出了很大的贡献。

两任县令期间，林熙春均不收民间丝毫钱财。后调入京师，任户部给事中，礼科、兵科、工科都给事。这时的明帝国面临严重的政治、经济危机：国内土地集中，阶级矛盾尖锐，东南倭患不断，北方鞑靼扰乱，帝国逐步没落。因此，作为可以直接向皇帝进言的给事，强烈的社会责任心促使林熙春经常犯颜直谏，向皇帝提出了不少积极建议。其《掖垣疏草》、《出山疏草》所收39篇奏疏，每篇都颇有远识，言之凿凿，掷地有声。如《参东封疏》对丰臣秀吉派兵占领朝鲜而向明朝讨封一事，力排众议，认为日本"窥我虚实"，"未可封贡"，应整饬边防，严阵以待入侵之敌，而后不久，果如其言，朝战爆发。万历二十三年（1595）冬，兵部考选军政时，明神宗以为"部臣徇私，兵科不纠"，以致一时言官被斥者达34人。御史马经纶抗疏廷争，也被"降调"。阁臣上疏解救不允，谏台中虽具疏而不敢上。次年正月二十六日，林熙春越级冒死上《伸救言官疏》，说"陛下怒言官缄默，斥逐三十余人，臣等不胜悚惧。……前所罪者，既以不言之故，今所罪者又以敢言之故，令臣等安所适从哉！"但此举使神宗更加恼怒，于是将他谪为（茶陵州）茶盐判官，还加贬马经纶为典史。熙春不愿赴任而托病辞官回乡，此后直至万历去世的26年间，他都一直闲居在家，甚至未尝有一封书信寄到京城。

林氏家庙

（图片来自庵埠镇人民政府公众网）

泰昌元年（1620），光宗即位，下旨起用闲置旧臣。于是，已是68岁高龄的林熙春以南京仪制郎中升任光禄少卿。此后又历升太仆少

卿、右通政、太仆寺卿、太常寺卿、大理寺卿。尽管年届古稀，但林熙春依然雷厉风行，称职干练，胆识过人，直节敢言。天启元年（1621），河北玉田县兵变，林熙春临危不惧，率众驾车平叛，为朝廷立下汗马功劳。他奉旨总理京边养马事宜，一月之中简选战马三万多匹，集合武官以调试评定，全部马匹合格。大理寺案牍积压如山，他到任后厘剔弊端，及时清理，并制定约款，使诸事有章可循。在任期间，林熙春可谓尽职尽责，然而此时朝廷腐败日益严重，宦官乱政端倪频现，已非个人力量所能挽回。于是，年事已高的林熙春连上六封疏书乞休，终于在天启四年（1624）得准加户部左侍郎后，得以告归。皇帝特意降旨将其在前朝的建言谏诤事迹，宣付史馆立传，并特赐沿途官吏给予夫马廪给，驰驿回乡，表示对他的特殊礼遇。应该说，他此时急流勇退，甚是明智之举，因为当他回乡不过一月时间，宦官魏忠贤便作乱朝廷。

回到家乡后，尽管年逾古稀，但林熙春仍关心地方民生，尽力造福桑梓，诸如争盐税、减里役、倡建凤凰台、三元塔，修玉简塔，筑炮台于海口，浚三利溪，修龙头东集等桥、文庙贤良祠，捐田为诸生科举等，不胜枚举。同时，林熙春还不遗余力地倡导风教，因为随着商品经济的发展，潮州的奢靡之风日益严重，他便与有识的士大夫力倡俭约，阐明“俭者简也，奢者邪也”。

在有生之年，林熙春笔耕不辍，著述甚多，有《赐闲草》、《赐还草》、《赐传草》和《城南书庄草》、《掖垣出山疏草》等留世。崇祯四年（1631），林熙春辞世，享年 80 岁，朝廷特赐他本人和父、祖三代为尚书，并谥其为“忠宣”。至今，朝廷所赠“三世尚书”匾仍悬挂在庵埠宝陇村林熙春之父与林熙春先后建造的林氏祠堂内。至于“三世尚书”坊，原在太平路分司巷口，1951 年被拆除，今按原

“三世尚书”坊

（图片来自中国教育网）

貌重建于太平路分司巷口北侧。“三世尚书”下坊枋镌“诰赠通议大夫太常寺卿林瓒，敕封文林郎福建将乐县知县、延平府知府、诰赠通议大夫太常寺卿林乔槚，万历癸未进士赠通议大夫户部左侍郎加赠资政大夫户部尚书林熙春”；下坊梁镌“敕赠户部左侍郎卒赠三世资政大夫户部尚书”。“四朝大老”下坊枋镌“万历癸未进士、户部左侍郎，予告，钦赐驰驿；前工科都给事中，诏起光禄、太仆寺少卿，通政司通政，太仆寺少卿，敕理京边马，太常、大理寺卿，侍经筵林熙春”；下坊梁镌“赐祭葬特祠，加赠资政大夫、户部尚书，谥忠宣，祀乡贤，楚闽名宦。以子益封太常寺典簿，晋正议大夫；又子佳户部贵州司事，进荣禄大夫”；坊额右镌“潮州知府马鸣霆，同知蒋允彦，通判马毓峨、林朝铭。崇祯元年立”。

萧端蒙

萧端蒙（1521—1554），字曰启，号同野，明正德十六年（1521）生于广东潮阳县廓都（今汕头潮阳区棉城镇）的一个书香世家。其先祖萧御疾在文天祥入潮后参加抗元斗争血战殒躯，其祖父萧廷国“性孝友，笃学种德”，叔祖萧与洁文章诗词均颇有造诣。由于自小饱受家风熏陶，其父亲萧与成（号铁峰）16岁时便登癸酉贤书，并于正德十二年（1517）领解元（举人第一名），次年中进士，晋翰林院修撰承务郎，参与撰写《武宗实录》，大显才华，得赐金绮，后人尊称其为萧太史。与成生前多行义举，曾在家乡捐资治河，并亲率乡勇抗击倭寇，其道德文章更是推重一时。

萧端蒙从小仰承父教，熟读经史，嘉靖十九年（1540）得中举人，翌年一举成名，考中进士，补翰林院庶吉士。端蒙有志继承其父之事业，故而发奋著述达20余万言。因才华出众，“行文修雅有度”，深得嘉靖帝赏识，故在嘉靖二十一年（1542）得授山东道御史，从此踏上了他辉煌而短暂的人生仕途。在明代，御史一职不仅负责纠察内外百官，还要执行巡视仓场、提学、巡按、巡盐、茶马、清军等一些特殊任务，以及查案、清仓、监军、通钱谷、巡边等一些临时差遣，因此责任重大。萧端蒙在此后十余年里大多以御史之职接受独当一

萧端蒙读书处

（图片来自潮汕网）

面的差遣，从而使其精明务实、深谋远虑、审势通变等治国才思得以尽情发挥。

嘉靖二十三年（1544），萧端蒙奉旨整理京城军务。时京城军队涣散，军纪松弛，军官吃空额，克扣士兵薪贴等问题颇为严重。萧端蒙经过调查，提出“同屯同所为伍，休则鳞次而居，行则鱼丽而阵”的管理方式，解决了军队异屯难以聚集的问题；又以“处粮饷”和“定员额”等措施对不良之风进行了严肃整治。同时，他还制定了一整套奖罚条例，对在任官吏奖勤罚懒，严肃纲纪，并严查顽固不化及仗势不执行之人。这一系列措施的实施，大大调动了官员的积极性，吏治大为改善，畿内军队战斗力也迅速提高。

次年，贵州发生民族骚乱，萧端蒙奉旨出巡。他以为此事缘出贵州地处西南边陲，与多省交界，寨落交杂，辖属各异，以致“各怀彼此之心”，因此建议设置重臣，以为长久之计。惜此议未获朝廷重视，不过至天启年间朝廷终于常设云贵总督，入清仍沿袭此举，可见端蒙之议颇有远见。同时，因贵州边地选任官吏不受朝廷重视，贤能官吏难求，官员缺额颇多，政务漏洞频出，以致百姓屡遭罪累。但实际上地方贤能颇多，只是受考试选拔名额所限而遭埋没。于是，萧端蒙上疏力主增加试士名额，以培养人才，繁兴文教风化。期间，在如何处理“苗叛”上，萧端蒙表现出优秀的军事谋略与才干。治苗之计，历来不外抚剿二端，明朝官员大率采用抚议。但是在改土归流的大背景下，萧端蒙认为要使其能够长治久安，“招抚之策，决不可行”，因此他力主以武力镇压“苗叛”为主，辅以招抚之策。为此，他提出了一系列可行性措施：筹足粮饷以防功亏一篑；严防湖广与四川的几处土司与叛乱苗寨串通，区别赏罚；调用官军要严加节制以戒扰民；在湖贵苗区开凿大道，修立哨堡，招募移民，军民分布屯垦，作为善后之计，以解除西南之患。由于萧端蒙在民族关系问题上处理得当，使贵州局势得以长期安定，因此深得明世宗称许，遂调任浙江道御史。

嘉靖二十五年（1546），萧端蒙告归“养病家居”，还强撑病体，“询诸父老，参与舆情，即所见闻，条为六议”，以《条陈远方民瘼六事疏》上达明世宗。他抱着“冀以少苏积困”的希望，“激切敷陈”，其中均平、拓城、禁俗、均徭等建议都不无精辟之论。如均平之议，时明朝所行里甲制度规定，里甲负有催征钱粮、勾摄公事及筹措供应之责，但因人户逃亡，田赋拖欠，衙门规责，以致里长不胜重负，纷纷逃亡。因此，他提议恢复旧制，将赋役落实到户，“照丁粮分日听

差，照多寡出银朋办，立为定制。再如拓城之议，他就当年“生齿日繁，城外居民倍于城内”的情况，建议由政府划地，由百姓出工出料，扩建城池，既可使民安居，又可防敌。此议之中萧氏利用了地产升值杠杆以解决工程费用，足见其理财理念之高明。当然，萧氏这种积极入世、经济务实的品格，和明代商品经济发展的社会背景有着直接的关系，同时也是潮州王门学派重视践履的学术品质的体现。

嘉靖三十二年（1553），俺答入寇，京师震动，萧端蒙奉诏至延安、绥远挑选精兵训练，入卫京城，得赐金绮。次年（1554），巡按江西。时明孝宗朱右樘的弟弟，即嘉靖皇帝的叔父吉王封地江西，人称江西王。江西王恃宗室之贵，向来骄纵不羁，江西巡抚大吏对其屈膝媚事，小心翼翼地陪随嬉戏宴游。藩王部属狐假虎威，强抢民女，污辱府县长史。萧端蒙不为所惧，将藩王部属逮捕法办，又上疏弹劾藩王，使江西“诸司望风伏慑”，境内肃然。尽管因此后来抚镇大吏与他有所不合，但江西百姓对他却十分崇敬，在他病逝之后，为之建祠奉祀，立碑纪念。其除暴事迹传回家乡后被编成“一锤打死江西王”的故事和地方戏剧，广为流传。

同年，萧端蒙奉诏回京复命，廷议欲迁其为廷尉，不料却病逝途中，年仅33岁。可惜其一身才华，未及施展，便驾鹤西去，正所谓“位不称德，年不符仁，殊堪可叹”。

由于萧端蒙为官期间正值明朝由盛而衰的中落过程，政局动荡不安，内忧外患不断，危机此起彼伏，因此他或亲力亲为，或直陈建策，“所言皆军国重务，为人人所欲言，亦人人所不敢言”。《潮州耆旧集》所录其《疏》、《议》，论及驿传、漕运、金融、税收诸多方面，都堪实用。尽管在社会矛盾愈演愈烈的大漩涡中，仅凭数名良吏之挣扎，无法挽救大明日趋颓废之势，但那种“苟利国家生死以，岂因祸福避趋之”的天地正气，却浩然长存。其身后所留六卷《同野集》不乏真知灼见，备受推崇；其一生对家乡也颇为眷恋，在潮阳东、西岩留有“卓锡古寺”、“海潮古刹”等墨迹。

唐伯元

唐伯元，字仁卿，号曙台。澄海县苏湾都仙门里（今溪南镇仙门村）人。生于明世宗嘉靖十九年（1540），卒于明神宗万历二十五年（1597）。嘉靖四十年（1561），22岁的唐伯元得中举人，并结识了潮阳周光镐。隆庆二年（1568），二人同往永丰石塘拜吕怀为师，通过吕怀接受了湛若水“知行并进”、“随处体认天理”的学说。三年后，唐伯元进京初试不第，又过三年，万历二年（1574）终于金榜题名，得中进士。

唐伯元像

（图片来自潮汕百科全书编辑委员会. 潮汕百科全书. 北京：中国大百科全书出版社，2010）

半年后，唐伯元被朝廷任命为江西万年县知县。万年乃穷山小县，方圆虽仅数十里，却治安不稳，百废待兴。因此，到任后，唐伯元立即体察民情，提出“谨守天职、任贤能、亲贤吏、远嬖佞、明赏罚、谨出入、值起居、节衣食、收放心、存敬畏、纳忠言、节财赋”等十二项吏治新举措，使万年县在短短一年中出现了农丰畜旺、社会安定、百姓安居乐业的局面。万历四年（1576），唐伯元转任江西泰和县知县，在那里他大力推崇吉安名儒“三罗”（即成化二年状元罗伦、弘治六年进士罗钦顺、嘉靖八年状元罗洪先，三人均是卓有成就的理学家，而且都反对空疏学风，不事奢华，操守淡泊，注重务实），以图匡正救治空疏的学风与奢华颓废的世风。唐伯元在万年、泰和为官六载，清廉公正，广施仁政，爱抚百姓，深得当地人民的爱戴。万历八年（1580），唐伯元调任南京户部主事，百姓依依不舍，两县都立了生祠纪念他。

顾宪成像

（图片来自浙江省图书馆家谱数据库）

在南京，唐伯元以“忧世乐天”为己任，履行着作为留都官员一分子的职责。期间，他还结交了后成为东林党领袖的顾宪成。顾宪成乃南中王门学者薛应旗的学生，在老师的影响下，强调学术的现实作用与实践意义，因此与唐伯元一见如故，引为至交。

当时王门后学往往空谈性命，不言事功，唐伯元对此颇为不满。他以为“性命之旨，非中人以上则不道”，他认为士大夫为学的目的不仅仅是要使自身获得文化正统，更重要的是要在实践中将其制度化，并用以改造地方社会。因此，在他的学说中，最重修身崇礼，他主张君子应以修身作为出发点，然后去“安人，安百姓”，通过克己复礼，去实现齐家、治国、平天下的理想。他的这种思想在其受业于吕怀期间就已基本形成。他大力推崇三罗、与顾宪成结为至交，以及此后那些轰动的事迹，也都和他的这种思想有关。

万历十二年（1584），唐伯元做了一件引起朝野关注的事。当时，御史詹事讲疏请王守仁从祀孔庙。应该说，王守仁生前所提倡的“心即理”、“知行合一”学说，曾经对言必称程朱理学的思想氛围起到了革新启智的良好作用。因此，一时之间，学者云集，阳明心学也风行一时。但其标新立异，以及其众多弟子的推波助澜，导致了以孔孟程朱学说为准则的社会伦理规范被破坏。如果从维护封建法则、巩固封建统治的角度来看，这是对朝廷不利的。但是，王守仁影响日久，门徒众多，故而朝野上下无人敢公然对此事说半个不字。而且，当时明神宗以及首辅申时行也都对詹氏所请之事表示肯定和支持。

但是，唐伯元却毅然呈上《争从祀疏》，坚决反对王守仁从祀孔庙。在近六千字的奏疏中，唐伯元中肯地分析说朱熹学说“使二百年来道术有宗，教化有纪”，功绩卓著，只是后来士人借助它追求名禄，而不能身体力行。王守仁倡导“致良知”之说，主张“知行合一”，其功业、气节、文章都值得称颂，朝廷已加封勋爵，地方上也已有了祠祀，这已经足够了。但从祀孔庙就不必要了，因为王守仁否定程朱旧说本已容易蛊惑人心，再加上其弟子的推波助澜，已经破坏了程朱学说所阐发的社会伦理规范，所以推崇王守仁，便是贬斥朱熹，“道术将从此裂，祖宗表章朱学以为制考之意，亦从此坏”。最后，他请求说，如果一定要王守仁从祀孔庙，那一定要说明朝廷表彰守仁功业气节文章的原意，并严禁天下士子以此为借口诋毁朱学。接着，唐伯元又呈上《进石经大学疏》，同时献上两本自己加注的《石经大学》。在奏疏中，唐伯元进一步阐发了对朱学和新学的看法，表明了自己对从祀一事的担忧：“今者守仁祀矣，赤帜立矣，人心、事习从此分矣”；王守仁的新学“向之延蔓也止于江南；今之风动也及乎天下”。

明神宗将唐伯元的奏疏批给大臣们朝议，立马引起了轩然大波，毕竟朝中大臣有许多是出自王阳明门下的。于是，唐伯元遂成众矢之的，南京给事中钟宇淳上疏，指谪唐伯元“诋毁先儒”，朝臣们大抵表示支持。唯有吏部尚书杨巍、户部主事顾宪成等少数几个人同情唐伯元，但也都爱莫能助。于是唐伯元被贬到海州任判官。其实，唐伯元此举同样是出于他追求事功、重视践履的学术品质。他诋毁阳明心学，并非出于学派争胜，他推崇朱子学说，其实是推崇其实践性。他的这种风格也得到了杨巍的暗自赞许，因此万历十三年（1585）冬，就把他调回北京，任礼部制司主事。上任后，他只是默默地办着日常事务。

万历十五年（1587）夏，唐伯元告假省亲，在潮州一住两年，与朋友们谈经论史、吟诗作对，并在郡城小西湖边上筑“醉经楼”，精研学问。同时，他还在故里仙门乡营造了唐氏宗祠。这样，唐伯元在家乡度过了两年悠然自得的时光。至万历十七年（1589）春，假期已过，他还不思回京，后来还是在父亲的催促下才违心回京。但回京不久后，唐伯元又做了一件轰动朝野的事情。

事情发生在他回京两年后的万历十九年（1591）春。当时，唐伯元奉旨到民间为年方10岁的皇长子选取宫女。对大多数家庭而言，女儿充为宫女并非好事，可能稍不注意还会引来不测之祸。因此，唐伯元第一次奉旨选美未能完成使命，少女们不是“逃匿”，就是“污容毁体”。第二次奉旨选美，因先予“晓谕”，才得以顺利完旨。本来事情既然已经办好，就可完事，可唐伯元见明神宗近几年来越来越怠于朝政，祭祀典礼不亲临致祭，甚至连早朝也不来，在他看来，这是非常不合仪礼的。于是，唐伯元便借着选取宫人一事，上了一道《论选宫人疏》。在奏疏中，他大谈皇子应该近德不近色的道理，并引用明太祖对太子的谕示和明世宗的遗诏，请求神宗节起居，戒女宠，临朝问政，倾听贤士大夫讲论，为皇子做个榜样。

要是在平时，朝臣如此犯颜，肯定难逃厄运，因此人人都为唐伯元捏了一把汗。然而，出乎意料的是明神宗不仅没有龙颜大怒，严惩唐伯元，相反，在几天后宫中批下的御札里，他竟然还承认自己的过失。尽管大家对此都不明所以，但唐伯元却深受感动，不禁说道：“有君如此，其忍负之！”

潮州西湖

（图片来自潮汕风情网）

同年，唐伯元在湖广负责秋闱主考，回京改任专掌皇帝宝玺、符牌、印章的尚宝司司丞。该职位乃皇帝的近侍，可见明神宗对他信任有加。这也一度激起了唐伯元匡君济世的豪情，但偏偏在这个劲头上，他接到了母亲去世的噩耗，因此万历二十年（1592），他匆匆地回乡守制。守制期间，他曾协助知府整治潮州西湖风景区，在西湖山北麓、南岩分别建了寿安寺和紫竹庵，偶尔和友人闲吟酬唱。但出于匡救世风的责任心，这时唐伯元把大部分时间和精力都花费在撰写长达28卷的《礼编》一书上。

万历二十二年（1594）秋，守制三年期满，唐伯元回京复原职，不久升调吏部文选司员外郎，代行郎中之职。此司职权极重，负责协助尚书掌管官吏的选调工作。每年于双日考选吏员，于单日定品级，事务十分繁忙。唐伯元以感恩之心，强撑病体，协助吏部尚书孙丕扬，

把全副心思都用在选拔制度的完善上。然而此时官场已是积弊难除，多方的干预，加上神宗日益严重的懈怠，经常使孙、唐二人束手无策。朝臣奏疏大量滞留，候选官员常年苦等。于是，原来认为“天子圣明”，准备报效君国的唐伯元，在莫名其妙地被改任饶州通判之后，决意辞官归隐。

回到潮州之后，唐伯元在西湖山北麓的寿安寺旁营建了居室，还种了几百棵梅花，起名为“梅花庄”。他又在雁塔下筑建钓鱼台，过上了悠闲的生活。然而，尽管山水秀丽、生活闲适，他却已无福享受了。由于心中忧虑未能释然，疾病便紧随而至，其身体状况也就越来越糟，终于在万历二十五年（1597）秋后悄悄地离开了人世。据说，隔年神宗在甄别吏部郎官时，又想起这位敢于犯颜直谏的唐伯元，于是下诏起用为南京部职。但传诏至潮州，才知道唐伯元已经死有逾年了。

唐伯元一生为官刚正清廉，惠政爱民，政绩卓著；在朝不惮犯颜，箴言直谏，朝野推重；为学践履笃实，著述颇丰，有《易注》、《礼编》、《道德经注解》等十多部作品留世。他崇朱贬王，复兴道学，也推动了潮州学术由性命之学向致用之学的转变。因此，天启五年（1625），明熹宗追封他为太常少卿，并赐赠“理学名卿”巨幅横匾，可以说也是荣至名归。《明史·儒林》本传对唐伯元也评价甚高，说他“清苦淡薄，人所不堪，甘之自如，为岭海士大夫仪表”。《明儒学案》更称颂他“治行天下第一”。

唐伯元纪念馆

（图片由唐伯元纪念馆提供）

郭之奇

郭之奇，字仲常，号正夫，别号若菽、玉溪子，又曾自称“云岛逸人”、“三士道人”。明朝万历三十五年（1607）八月二十日生于揭阳东门莲花心，卒于清康熙元年（1662）。崇祯元年戊辰（1628）揭阳郭之奇与黄奇遇、宋兆禴、辜朝荐（海阳人）同登进士榜，世称“戊辰四俊”，而又以郭氏为首。因其学博才富，忠肝义胆，高风亮节，瓖才鸿勋，腾卓高济，故而揭阳民间又把他列入“潮州后七贤”、“八贤”之席。清儒何绍基尝为之撰联曰：“成仁取义忆前贤，正如周之苌弘、宋之文山，千秋霜管昭青史；稽古名篇留后世，犹如汉之司马、晋之董狐，十载难虞为主恩。”

郭之奇像

（图片来自郭伟忠．前贤郭之奇研究文集．北京：社会科学文献出版社，1990）

郭之奇所生活的年代正值王朝更迭、政局剧变、社会动荡的时代，但他幸运地成长在良好的家庭环境中。郭氏先祖本居福建莆田，后世辗转才迁居揭阳县城东关，传至之奇，凡六世。其祖父郭明作，庠生，秉德礼让，以文行显，祀乡贤。其祖母洪夫人屡嘱子孙：宁可仕途坎坷，不可丧志败节。其父亲郭应试，乃邑庠生，授州同知，生性谦恭谨慎，闭门扫轨，人称“南极老人”。郭之奇七岁时，就被其父送往余厝家塾“思无邪”就读。郭之奇自幼聪颖好学，七岁时曾以“牝羊项下须”对“雄鸡头上冠”而得“神童”之名；八岁时所编“雨仔冷秋秋，石仔滑油油，跌倒大学士，笑死西畔牛”的顺口溜，至今仍在潮汕民间流传。万历四十五年（1617），年仅11岁的郭之奇就考中秀才。天启七年（1627），21岁的他又得中举人。

次年，明思宗朱由检即位，改元“崇祯”。是年，郭之奇与黄奇遇、宋兆、辜朝荐、李士淳、陈所献、梁应龙、杨任斯等结伴上京应试。殿试之日，郭之奇居首，被选授庶吉士。庶吉士乃翰林院内的短期职位，一般为期三年，之后经考核再决定留任或外派。为官期间，郭之奇以学博才富为同僚所钦佩，但他严气正性，不肯曲徇权相温体仁、周延儒意，以致遭受排挤。因此，次年夏天他就告假回乡省亲，自此在老家待了四年。家居期间，他平时赋诗撰文唱酬不辍，曾受揭阳县令冯元飏之邀，编修《揭阳县志》。期间还碰上海盗袭县城，郭之奇捐资募壮士，协同县兵将其击退，城才得保。崇祯六年（1633），郭之奇假满回京，迁任礼部主客司主事，提督会同馆，而后奉使荆州，再转员外郎。崇祯九年（1636）主试河南，有“持衡不愧文宗”之誉，而后转郎中。之后因母亲去世，回家服丧。崇祯十一年（1638），补复原职。

崇祯十四年（1641），郭之奇出任福建提学参议，主试泉州。在闽中视学四年期间，他大力整饬学风，用心选拔贤才。当时，南安伯郑芝龙请求将其子郑成功由诸生晋为廪生，但他不阿权贵，严正拒绝，仅依标准将其评为二等。期间，他通过复试，把七百余名生员黜退、降等，同时还对逐利徇私的提调教官严加劾革、逐放。在他的严肃整顿之下，八闽士风为之大变，登科第者踵接，取得了“闽闱（福建考场）得人为盛”之效。崇祯十六年（1643），他升任福建按察副使，兼摄按察使及协助兵备，击豪强，平冤狱，修会城，缉通夷，甦疲驿，僱裁站，政绩卓著。当时，尤溪贼集结剽掠闽清、永福一带，郭之奇亲自率兵五百，日夜兼程驰三百里赶往搜剿，方平定叛乱。不久，流寇作乱江西，益藩邕宁王逃避入闽，邵武樵川告急，全闽震动。郭之奇赶至邵武，提师扼关，两谒邕宁王，安置其回江西，福建才得以安宁。巡抚萧奕辅、张肯堂，巡按李嗣、陆清源等见郭之奇功绩突出，遂先后向朝廷疏荐，因此第二年郭之奇便被擢升为太仆寺少卿。后来，闽人在诏安邑郊为郭之奇建坊，并由学士黄道周题写“一代儒宗”、“八闽山斗”匾额，可见其治闽四载之文绩武功。

然而，当郭之奇收到朝廷的这项擢升令时，北京城早已沦陷于李自成之手，崇祯皇帝也自缢身亡。不久，清兵入关，江山易主，王朝

易代。其时，郭之奇力倡勤王，并带领在闽明军为崇祯戴孝，率八闽人士致祭追悼。不久，兵部尚书史可法等拥立福王朱由崧监国于南京，以翌年为弘光元年。郭之奇被提拔为詹事府詹事。时国库空虚，他遂捐银千两济困。第二年，清兵南下，攻陷扬州，史可法殉难，朱由崧国破身亡。

同年六月，礼部尚书黄道周、福建巡抚张肯堂、南安伯郑芝龙等奉立唐王朱聿键即位于福州，称号隆武。郑、张因拥立功高，又都和郭之奇有宿怨，于是便合力将其排挤，郭之奇遂返揭家居。隆武二年（1646），郭之奇闻知朝廷军饷短缺，立即再捐银 1 500 两，并父及三弟之章所捐银各 500 两，命义子天祉解赴军前。同时，他又审时度势，上疏隆武帝提出“今国家肇基闽南，当以江右、两浙为枢”，形成犬牙交错之势，否则将无兵支援，局势不利。但后来隆武帝入赣之意为郑芝龙所阻，以致兵败而死。两个月后，郑芝龙以福州降清。在此混乱之时，郭之奇所居揭阳城及附近地区亦遭刘公显九军之乱，九军攻陷城池，郭之奇的祖母陈夫人和长嫂曾氏均死于城陷期间，弟弟郭之章也守城巷战而死，他和父亲则都被缚去作为勒索的人质，后来幸得乡亲林铭球助款赎出，但父亲却因此得病而亡，遂有丁忧之哀。

隆武亡后，晏清、瞿式耜和潮人黄奇遇等扶持桂王朱由榔在肇庆即位，改元永历（清顺治四年，1647）。虽匡复之势一度有所起色，但在清军的强压之下，很快又急转直下。永历三年（清顺治六年，1649），郭之奇丁父忧期满，乃奉召赴肇庆，官礼部右侍郎。郭之奇受任于败军之际，奉命于危难之中，其后半生为兴复南明可谓历尽艰危，矢志不渝。永历五年（清顺治九年，1652）春，他抵赴钦州，官拜东阁大学士，兼礼、兵二部尚书，随桂王奔梧州。时家人函信劝归，之奇答书云：“为纲常谋，虽有家，义不能顾……光复则扫垄有日，陆沉则望乡无期。”同时，他还书诫子儿：“儿当勉力有成，无坠家声，予死生随吾君。”

郭之奇匡明之志如此，然而摆在他眼前的事实却是弱主无能，强敌压境，抗清局势忽起忽落。但他仍屡进疏言，转徙于粤滇各地，致力于联络盟军、招兵策反、训练水军、建立反清基地等重大事宜。永历八年（清顺治十二年，1655）春，晋文渊阁大学士，加太子太保。八月，回广东雷州巡视营兵，在马鞍山下遭飓风，舟覆，妻儿五人身亡，之奇漂至一海岛获免。次年，会各营进军高、雷。永历十一年（清顺治十四年，1657），晋少保及武英殿大学士，改兼吏、兵二部尚书。永历十三年（清顺治十六年，1659），清军进入云南，之奇从桂王走交趾，自此转徙靡定，或藏匿山谷，或荒山结庐，雨宿风餐，几历粮食不继、风涛瘴氛与虎狼之险。永历十五年（清顺治十八年，1661）八月，为交趾韦永福诱捕，献给清廷，押解广西桂林。途中，之奇作纪事诗二首，其一曰："十载艰虞为主恩，居夷避世两堪论。一时平地氛尘满，几叠幽山雾雨翻。晓涧哀泉添热血，暮烟衰草送归魂。到头苦节今方尽，莫向秋风洒泪痕。"其二曰："成仁取义忆前贤，异代同心几自鞭。血比苌弘新化碧，魂依望帝合为鹃。曾无寸尺酬高厚，惟有孤丹照简编。万卷诗书随一炬，千秋霜管俟他年。"至桂林后，郭之奇被囚375日，叛将李栖凤等都劝他降清，但他不屈不挠，坚决拒绝，每日赋诗明志。清康熙元年（1662）八月十九日，郭之奇壮烈殉国，年仅56岁。就义时他慷慨从容，"望西叩头谢恩，危坐就刑，神色不变，观者无不流涕"。

位于榕城莲花心的郭之奇太史第

（图片来自揭阳新闻网）

乾隆四十一年（1776），清廷颁谕表彰崇祯末年殉难死节，称誉"大学士郭之奇跋涉闽粤滇黔，往来数万里……始终不屈，从容就义，洵为一代之完人也"，特"赐谥忠节，颁定胜朝殉节录，载入史册，通谕中外知之"。嘉庆二年（1797），崇祀忠庙，兼祀乡贤。晚清名臣丁日昌特别为其家庙中堂题匾曰"忠节堂"。

郭之奇学博才富，生平著述颇丰，有《宛在堂文集》6卷、《宛在堂诗集》6卷、《稽古篇》55卷，同时还辑有《辑志副指》、《新定道德经》等。其诗歌在潮汕历代著作家中，堪称最为宏富。据他于1661年初自编《宛在堂诗集·自序》所言，早岁之诗"一再削稿，三存之一"，所收"凡18集，诗2 840首"，加上被俘之后一年多时间里所作的275首，共有3 000余首。

林阿凤

“无恶不作的海盗”、“一代海上枭雄”、“驱逐殖民主义的英雄”、“中华文化的传播者”、“中菲友谊的交流大使”……这些内涵各异、褒贬不一的称谓，如果是针对不同的人而言，本没有什么奇怪之处，但是，如果它们所指的是同一个人，就不免有些令人惊讶了。然而，事实就是如此，它们所指的恰恰都是这么一个身份复杂的历史人物——林阿凤。

明代海船

（图片来自郑广南．中国海盗史．上海：华东理工大学出版社，1998）

林阿凤，又名林凤，西洋书籍译为Limahong，日本人曾误译作李马奔。明嘉靖中叶，林阿凤出生于广东潮州饶平县，至于其详细的家世背景，已难查考，有人说他是“泉州巨寇林国显之族孙”（见王少平《菲岛游记》），海盗吴平的侄婿。林阿凤所处的时代正是大明帝国走下坡路的时期，帝国的肌体已衰病不堪，皇帝荒淫无度，朝中政治腐败，地方贪污盛行，民间怨声载道，而对林阿凤所生活的东南沿海一带影响最巨的还是明政府的海禁政策。

明初以来，商品经济的日益发展迫切要求发展对外贸易，但明王朝却实行严厉的海禁政策，这对于以船为业的潮州沿海人民来说，无异于断绝了生路。因此，当时出现了许多敢于不顾禁令，公然与明政府对抗的著名人物，如林道乾、张琏、吴平等。后来在明政府的镇压下，他们大多流亡海外，为侨居国的经济开发、文化发展、商业贸易作出重大贡献，与当地人民建立了生死与共的深厚情谊。比如澄海人林道乾，部属有几千人之众，在海上反抗明王朝达三十余年，最后率部属 2 000 余人到达北大年（今泰国南部），成为潮汕人大规模侨居暹罗的先驱。

后来，为了发展的需要，这些游弋于南海一带的“边民”逐渐联合起来，有时甚至还与倭寇联手。由于没有找到问题的根源，因此倭寇总是剿而不灭，抚而不安，明朝统治者对此一筹莫展，只好加强其锁国政策。到嘉靖后期，由于倭患不断，海禁愈发严厉，然而这更造成良商盗寇不分，真倭假倭难辨，沿海一带居民生活更加困难。为了生存，越来越多的人参加海上各股武装集团，其数目累千上万。自小在闽粤海上过着漂流无定生活的林阿凤，在 19 岁时也参加了一支以泰老翁为首的海上绿林队伍，泰老翁死后，他就逐渐成为这支队伍的最高首领。

面对日益严重的海疆威胁，明王朝也逐渐重视沿海的安宁，经过十多年的加紧围剿，到隆庆年间将这些武装集团一一击散。在明军的重击之下，各海上势力只能另谋生路。当时林阿凤带领几百号人远遁澎湖，仍然从事着明朝政府所不允许的海上贸易，偶尔也侵扰沿海一些城乡，向官绅富豪及囤积居奇的货主掠夺，如隆庆元年（1567）率部攻占惠来县的神泉港。其发展最盛时曾拥有舰船 300 余艘，人员 4 万以上。随着力量的不断壮大，林阿凤也开始图谋进一步向外发展。因此在万历元年（1573），他便趁两广提督殷正茂以为海事已平而把兵力转向山区征剿农民暴动之机，占据位于漳潮间海上的南澳岛，驻扎在其中的钱澳，扩大对外贸易。林阿凤以南澳岛为基地，不仅与来自四面八方的商船维持着海上贸易，同时还组织人员从事农业、手工业生产，因此迅速崛起为南中国海上各路豪杰眼中的英雄，以前被剿散的那些海上力量也纷纷来附，声势愈加浩大。

进据南澳可以说是林阿凤把根据地向大陆沿海靠近的一次大动作，甚至可以把它看作是他进攻的前奏。同年冬十二月林阿凤率众进攻澄海，大败刘国宾率领的官兵。次年（1574）二月，又进攻潮州和惠来。这下终于引起明王朝的惊慌和重视，严令闽粤两省督、抚、镇、巡各级官员督师，合力剿戮。两广提督殷正茂也急忙停止在山区对农民暴动的镇压，于六月集结重兵围攻林阿凤在南澳的基地。双方相持多时不下，林阿凤便修书议和求抚，但殷正茂不予接纳。林阿凤只好率众突围，先是一路向北冲出广东海域，到达福建沿海。但十月又遭到福建总兵胡守仁率兵截击，于是再次折往澎湖，后来又转移到魍港（台湾）的鸡笼（基隆）驻扎。

西班牙无敌舰队

（图片来自北京晨报，2007－10－28）

其实，在这几场战斗中，林阿凤力量损失并不大，在十一月他还曾先后进攻潮阳踏头埠、饶平柘林、惠来靖海、陆丰碣石等广东沿海港埠。因此，明朝被迫准备集中水陆军主力围剿。为避官军进剿，林阿凤于十一月率战舰 62 艘，战士和水手各 2 000 名，妇女1 500名，共5 500人，同时带着技工农人数百，各携牲畜和农具种子等物资向吕宋岛进发。虽然此次转移一是为了避开官军围剿，二是为了应菲律宾人为驱逐西班牙殖民主义者的邀约，但从其所携带的物资来看，足以见其目的其实是定居开发。林阿凤所率部众到达菲律宾后，并不像西班牙殖民者那样以烧杀征服当地部落，要土人进贡纳税，而是开垦荒地，耕种田园，自谋生路。

因为自从 1571 年西班牙军队侵占马尼拉后，当地的菲律宾人和华侨就一直苦于西班牙殖民者的虐政。1574 年 11 月 29 日，林阿凤率众抵达马尼拉湾的马里期（mayiyeies）时受到了当地人民的普遍欢迎。之后，林阿凤先后组织过两次争夺马尼拉的战役。首次进攻马尼拉不仅大获全胜，还击毙西班牙驻菲律宾总指挥戈伊特（Maytln Goiti）。但第二次进攻却失利，在西班牙军队的大力反攻下，林阿凤只得撤兵北上至班诗兰省的林加延湾，在那边筑炮台，训练士兵，开垦土地，准备长期居住。同时，他也在那里建立了都城（包括住所、城寨、宝塔），自称国王。由于有共同的敌人，因此林阿凤队伍与当地居民关系融洽，他们向当地居民传授中国的农业耕作技术和手工艺，当地居民为之提供粮食、木材和其他必需品，配合他们反抗西班牙殖民主义者，林阿凤也因此成为推动中菲文化交流融合的英雄人物。这也是林阿凤得以在菲律宾人民心目中留下美好印象的重要原因。在菲律宾华人和土著的支持下，林阿凤率部队一边战斗，一边抽空补充给养，建造战舰，充实战备，等待再战，准备将西班牙人彻底赶出吕宋。

然而，这时林阿凤却面临被两面夹击的威胁，一是自闻知林阿凤筑城建国后，西班牙人便视其为心腹之患，二是明朝政府仍然派海军在南洋群岛四处搜捕他。万历三年（1575）三月，西班牙殖民主义者派撒示洛率6 000多人围攻林阿凤的驻地。林阿凤被围后苦战4个月，但西班牙军背后有国家力量的支持，粮械、兵源不断，而林阿凤只凭一支船队异国作战，日久粮械不支的问题就愈加严重，只得图谋突围。此时明廷派往南洋搜捕林阿凤的潮州把总王望高闻知林阿凤被困，便赴菲律宾，与西班牙驻菲总督勒比撒里密谈，联合围攻林阿凤。西班牙为了涉足垂涎已久的中国，答应擒捉林阿凤后交前者带回中国，交换条件是带两名修士到中国传教。王望高等了又等，等到朝廷限期将到，林阿凤仍然凭险抗击，只得嘱托西班牙人以后派使者把擒或杀的林阿凤送到中国。万历三年（1575）六月，王望高返中国时，总督勒比撒里送给他一条金链、一件高贵的红袍，还有送给福建巡抚、泉州知府等当权者的礼物，并派使者带信札请求通商。

不过，林阿凤早已预知有粮尽之日，因此事先就命人秘密开凿运河，打通另一出海口，平时做好准备，等候潮汛及风向有利时机，迅速率船队乘夜突围出海而去。八月四日，林阿凤率40余艘战舰在一夜之间巧妙突围，直抵台湾，后返潮州，出没于柘林、靖海和碣石之间，船舰又增至150余艘，势力复振。然而，时变境迁，到万历四年至五年（1576—1577），随着朝廷对海禁政策的逐步放宽，寓禁于征（税），林阿凤的队伍内部也出现了不同意见，队伍逐渐解散，部属蔡德、陈橦、李瑞奇被朝廷安抚。尽管林阿凤坚持反抗朝廷到底，但终因孤掌难鸣，“复走西番”，一代枭雄最后竟不知所踪。

时间飞逝，岁月长流，转眼之间又经过了四百多年的风风雨雨，但是世人并没有忘记曾经在海上叱咤风云的林阿凤。1993 年 4 月 26 日，《人民日报》曾以《拉莫斯故乡的“中国热”》为题报道了中国记者对菲律宾总统拉莫斯的采访。文中写到，当拉莫斯谈及自己的故乡班诗兰省林加延镇时说：“班诗兰省是全国最发达的省份之一，这恐怕得益于中国孔子的价值观念。许多年以前，从中国来的林阿凤就在林加延定居下来。”同时，他还特别指出：“林阿凤的船队带来了中国人民的美德，这些美德包括‘勤劳、忍耐、节俭、敬老、守法、具有社会责任感’。”“现在省里许多人都是林阿凤的后代，他们也是班诗兰的优秀分子。这就是为什么班诗兰与其他许多省比较，显得比较进步的原因。”

在这里，历史给林阿凤的评价似乎进行了一个重新的定位。

清代

名人（5人）

郑大进

郑大进（1709—1782），字誉捷，号谦基，又号退谷，揭阳县梅岗都山尾村（今揭东县玉滘镇山尾村）人，康熙四十八年（1709）十月初四生于一乡村书香门第。

郑大进自幼聪明机智，有“神童”之誉。父亲郑养性，乃一乡塾教授，平生积学笃行，潜心儒家经典，曾获广东督学惠士奇“开粤风气之先”之赞。郑大进仰承庭训，熟读经史，15岁便考中秀才，补博士弟子员；雍正十三年（1735）考中举人，翌年（乾隆元年，1736）得中进士。但登第之后，郑大进并未如常被授予官职，而是在回乡家居近十载之后，才于乾隆九年（1744）被召进京谒选。乾隆十年（1745），被授予直隶肥乡知县，隔年调南皮县，十六年（1751）迁大名府同知。不久，因父亲去世，回家丁忧。

郑大进像

（现存于揭东县玉滘镇山美村郑大进府，郑智勇摄）

乾隆十九年（1754），守制期满后，郑大进被起用为河间府同知，此后其仕途可谓一帆风顺。乾隆二十年（1755），他被调任北运河务关同知，越年升迁正定府知府，因政绩卓著，于乾隆二十九年（1764）被擢升山东济东道，先后署按察使、布政使，不久再迁两淮盐运使。

位于玉滘镇山美村的郑大进府

（图片来自林凯龙．潮汕老屋．汕头：汕头大学出版社，2004）

两淮地区历来是我国主要的产盐区，明末时其盐税总量达全国的三分之二强，到清代两淮盐业更成为清政府的三大财政支柱之一。因此，两淮盐运使尽管只是三品官职，却是炙手可热的大肥缺，清政府也往往挑选廉洁可靠的官员担任。当时，由于气候原因，淮南多产煎盐，“所出纯杂不一，有上盐次盐之异”，却无上盐价与次盐价之分，因此盐商往往只售次盐，而民众又待购上盐，导致盐商存盐不忍售，民众求盐不可得的“商民交困”的局面，由此盐税也是屡缺。郑大进经过调查，通过采取区别质量、分类定价的方法，突破一刀切的价格政策，终于化解难题，使“商民便之”。

乾隆三十六年（1771），郑大进因丁母忧再次回乡三载。乾隆三十九年（1774）服满起用为浙江按察使，而后历任湖南按察使兼布政使、贵州布政使、河南巡抚、湖北巡抚、湖广总督等职。乾隆四十六年（1781）任直隶总督，并授太子少傅衔。

在不到十年的时间里，郑大进转任达七省之多。尽管仕途多变，但他每到一处，均有所建树。如在湖南，他见上缴朝廷的黄、白蜡上调时间不尽合理，以致百姓不堪其敛，因此，他建议对黄、白蜡的调运采取经常储存、定期上调的办法，从而保证了上调与生产的正常进行。再如在贵州，他见贵州仓储米粮多有霉变，而新米又进不了仓，因此便奏准于青黄不接、各地缺粮之时，“平价借、粜”历年陈米，然后于秋后“按一米二谷，购补还仓”。如此新陈代谢，以为定例，从而使仓库储粮保持新鲜。又如在湖北，恰逢楚北宝武局铸铜遭遇困境，他经过考察核算后，推行新的铸铜法，使宝武局既节省了铸铜成本，又能充分利用副产品黑铅，从而大大增加了收入。

再如，郑大进到河南任巡抚时，恰逢黄光三传教湖北，延及河南，教匪活动猖獗。在 18 世纪后期，匪祸就一直是清政府和地方官员最为头疼的问题。因此，为彻底解决这一难题，郑大进采取区别对待政策，严惩首恶，宽恕无知“愚民”。因处理及时，此后匪祸蔓延川陕七年，独河南不受其害，故而深得皇上嘉许，朝野上下称其有“先事之勇”。

为官期间，郑大进还多次参与到地方的水利建设工作中，并经常突破陈规，采取一些相对科学的先进措施。比如任湖广总督时，采用以工代赈的办法及时修复洛水堤防；任直隶总督时，针对九龙河入大清河河道淤塞的问题，提出了分段筑闸、有蓄有流的治淤方针，从而提高了河道的能量，大大减少了水患。

此外，在体察民情、关心黎民等方面，郑大进亦是可圈可点。比如在湖南，郑大进见地方官吏动辄以修缮公署为名，借用库款，从中渔利，当即奏准“凡修署者，责令保固十年，不及限者自葺”，于是此风立敛，“积弊顿改”。任河南巡抚时，曾经突遇泌水和洛水暴涨，仪封考城决口 150 丈，郑大进闻知险情，立即亲自赶赴现场，安抚灾民，又采取“以工代赈”措施，调动民众抗灾的积极性，由于“日夕工所”，以致足患湿症。任湖北巡抚时，闻知武昌辖下之通城地僻山阻，漕运艰难，郑大进即疏请以武昌、兴国等七县每年漕运余粮“输于官”，以抵通城漕额，然后将通城漕额折合银款，分解各库，作为兴国等县漕运“脚价”等费用，从而解除通城粮运历时多年的难题。

郑大进自入仕之后，勤政爱民、勇革旧弊、推陈出新、办事干练，“凡经七省，遭遇盛明”，“旌节所至，率多建白”，故而深得皇帝倚重，百姓爱戴。后人有云，大进“办事干敏，具有经略，在当时督抚中，最为上所倚畀”，只可惜“未臻大拜，而遽薨逝”，因此“论者犹有未究其用之叹”。

郑大进为官多载，上疏无数，其奏疏草稿大多汇入《郑勤恪公奏议》，只可惜存世不多，今仅见部分文稿于《郑勤恪公牍》。王先谦的《东华录》收有他任河南巡抚时所写《开封得雨，河水骤涨，自请处分》、《拟藩库章程》两疏和任直隶总督时所写《浚保定九龙河》一疏。处理政务之余，郑大进亦时作诗文，并有《爱日堂诗文集》，惜

未付梓，故多不传，仅存部分于《爱日堂诗文稿》。

郑大进和江夫人

（现存于揭东县玉滘镇山美村郑大进府，江涛摄）

在郑大进的家乡，至今还流传着一段“有千年池厝渡，无百年郑大进”的佳话。据说，在其授直隶总督时，曾回乡省亲，其家乡山尾村与邻乡池厝渡村常因地界诸类事发生纠纷，山尾村人遂想借用其权势压制池厝渡村。但郑大进却告诫乡亲：“强弱之不敌，父老所知也。世有千年池厝渡，而无百年郑大进。奈何修怨以累子孙乎？”村民听后颇为感动，自此两村尽释旧怨，和睦相处。

乾隆四十七年（1782）八月，郑大进受封为太子太傅。十月十九日，因病卒于任上，享年七十有四。乾隆赐祭葬，御制墓碑，钦赐祭文，并赐谥勤恪。其坟墓至今仍在普宁市广太镇区凤归岭，墓前竖有满汉两种文字刻石的《太子少傅原任直隶总督郑大进碑文》。乾隆五十年（1785），潮州府在府城太平街英聚巷口为郑大进建了一座大牌坊，正面镌“圣朝使相”，背面镌“覃恩三锡”，并分别刻有其任职受封及曾祖、祖父、曾祖母、祖母、母、妻受封赠情况。宠遇殷沃，堪称罕见。

郑大进故居

（江涛摄）

郑昌时

郑昌时，字平阶，后更名重辉，广东海阳（今广东潮安）淇园村人，生于清乾隆三十四年（1769），卒年不详。其父为老童生，少年时即通经史，且刻苦为文，惜屡试不中。后曾两至江南，以笔耕为业。晚岁回乡家居，读书课子。昌时自幼聪慧好学，读书过目成诵，八岁即能作文，因此宗叔郑维祉对其“属望殊深”。

郑昌时像

（图片来自吴勤生．汕头大博览．香港：香港文化传播事务所有限公司，1997）

乾隆五十三年（1788），郑昌时投身于同邑名儒邢九雒（乾隆三十年举人，曾任河南灵宝知县）门下，接受正规的儒学教育，昌时对邢氏甚为敬重，自称“时自弱冠以来，诗文无不就正于公”。三年后，昌时又“受知”于掌教韩山书院的福建长乐人陈九叙“特深”。乾隆五十七年（1792），郑昌时参加府试，并高中榜魁，声名大扬。

此后，昌时以诗文遍交岭南友人，并常与诸友人联袂出游，如嘉庆元年（1796）曾与任教于潮邑官署的连江孙钟鳌，联袂登东山观苍海；次年与诸友相约游罗浮山，惜未成行；同年，馆于潮阳县丞唐文藻署，诗文往来甚欢，期间游潮阳双忠（祀唐张巡、许远）、大忠（祀南宋相国文天祥）二祠，及专祀明亡时以死殉节的上元人黄安的“义士祠”；嘉庆三年（1798），游省城广州，曾与饶曼唐、卢德元作诗酒会于城北旧黄尚书别墅；同年夏，归省途中又游石井岩三峰寺；

嘉庆五年（1800）秋，昌时再赴广州，拜谒自京师归家掌教广州粤秀书院的海康陈昌齐，且以诗“千百首”求教。

嘉庆九年（1804），昌时在家乡似遇到官司上的麻烦，后来正是在三河县丞陈鹤翔和澄海知县何青翕的关照和帮助下，才得以脱离险境。其时，潮阳李应甲虽与昌时素未谋面，但素闻其名，故闻知昌时“遭事”，亲至其家慰问，并赠送钱300文以助难。官司平定，昌时将赴广州，李又冒雨送行。同年冬，因父亲患疾，乃自羊城归省。及次年初夏，父亲病逝，而后不久因受“白粮”之诬所累，曾避居榕江。

《潮州古城图》局部之清末的韩山师院图

［图片来自潮州文化研究（创刊号），2005］

但不久之后，他便回乡投身于韩山书院的重建工作。韩山书院旧址原为明御史蔡梦悦之祠，而后屡有改易。嘉庆十三年（1808），巡道温承志首倡改建为韩山书院，推举邑之士绅为司事，昌时为司事之一，对于书院之重建极为热情与投入，对于整个书院的结构布局、景物的安排，提出许多建议，如重立旧有之观鱼亭，并重摹相传为韩愈书写之“鸢飞鱼跃”碑石，等等。重建期间，昌时曾远赴城北30里之海角山采购海虫蓍，解决了书院工程之急需。嘉庆十六年（1811），韩山书院重建完工，昌时为书院拟就了八景，且题撰书院“亭阴榕幄”、“石磴松荫”、“曲水流觞”、“平池秋月”、“橡木遗迹”、“鹦鹉古碑”、“水槛观鱼”、“山窗听鸟”等《八景诗》。

由于勤奋好学，交游频繁，因此昌时在诗歌创作方面成就斐然，有《韩山书院落成》、《韩山双笙石怀古》等七古长歌；古近体诗《鹦鹉碑歌》、《驱鳄行》、《潮州八景》、《韩江竹枝词》等数十首；一百多首《怀人诗》和25首《知感诗》等。其诗作多是歌咏潮汕历代人物事迹和当时作者所见的名胜古迹。如他有诗云：“当年慷慨一杯酒，今日蒿蒿双庙坛。厉鬼有灵埋碧血，孤臣无地着黄冠。江淮保障天心在，岭海崎岖国步难。唐社再兴宋终屋，共悬青史寸心丹。”此即他游双忠、大忠二祠时所作，表达了他对先贤忠烈的崇高敬意。其所作竹枝词则乡土气息浓郁，清新可人。如《西湖竹枝词》“绕郭青山翠几重，西湖石上印仙踪。桃花载得春前酒，醉倒城头玉笋峰”，把西湖山的景色描绘得惟妙惟肖。在评诗方面，他亦颇有心得。如明万历韩江才女谢五娘曾作春暮诗：“杜鹃啼血诉春归，惊落残花满地飞。惟有帘前双燕子，惜花啣起带香泥。”昌时评曰：“泥在八齐，支、微、齐、佳、灰五部之通也，非深于音律，不能用此拗法，解此通法，盖泥叶读雷也。”并说“杜鹃啼血，惊花落地，燕子惜花又啣起香泥，以花鸟组织春情，极其深挚”，所评中肯到位。

郑氏勤于著述，当时即有“著述等身”之誉。据文献记载，昌时的作品有《说隅》、《开方考》、《岂闲居吟稿》、《禺山夜话》、《韩江闻见录》、《四书要典》、《学海集》、《鸡鸣集》等，只可惜这些作品大部分已经失传，仅《韩江见闻录》一书存世。由于昌时在游阅岭南各地时长期保持观察记录的习惯，因此该书保存了许多潮州地区的人物、山川及景物等方面的重要资料。

是书成于道光元年（1821），凡十卷，以作者亲身经历与闻见之事为基础，所记凡潮州以至岭南地区的山水、景物、古迹、名胜、历史人物、古圣先烈、师友时闻、异说趣事，神仙鬼怪、道德性命、读书明理、格物穷理等，几乎无所不及，是郑昌时留传下来的一本比较有代表性的著作，其现存最早刻本当为道光元年（1821）的杨廷科序刻本。书中尤以有关海潮和海防的专篇最具价值。海潮篇首谈潮州沿海的潮汐规律，再及新会、琼海之潮，对四时潮汐的差异及广东沿海各地潮汐的异同进行了颇具科学性与条理性的详细考析，极具地理和水文价值，表明了他在自然科学方面有相当的研究与修养。其后，他又由海潮谈到海防，对广东沿海各地海道、要塞一一道来，如数家珍。据《海防》篇中所载，潮州太守陈镇曾就设海防、捕洋匪大计下询郑

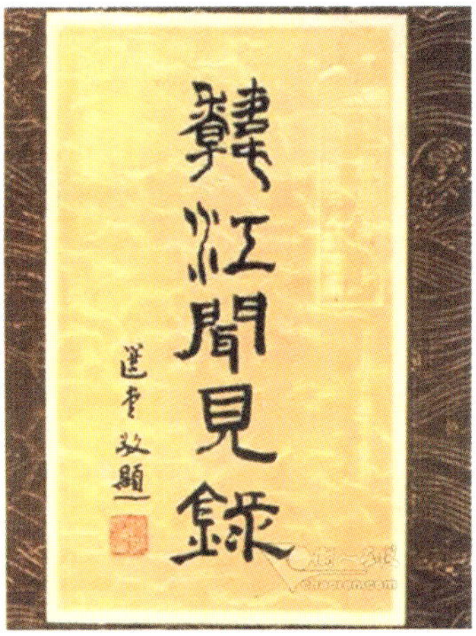

《韩江闻见录》书影

（图片来自郑昌时．韩江闻见录．吴二持校注．上海：上海古籍出版社，1995）

昌时，郑为此条陈甚为翔实。此外，在《治都里事宜》篇所论乡约、族正、保甲诸务，持论平实，条理精当。由此可见，他在时务经济等方面亦颇有见地。

不过，尽管郑昌时有真才实学，但也许是受到嘉道年间在岭南学界颇为盛行的重经世致用的朴学的影响，所以他一生并不求亨达，在仕途上并无大作为，仅以所谓“明经”终其一生。但由于其在有生之年诗词文章便颇有名气，而且又博学广闻，于地方山川形胜了解深透，尤其熟悉乡邦文献掌故，且每多非常识见，因此，时人赞其乃“博物之学、格物之识、经济之才，兼而有之”。志书亦载，太守黄安涛曾以疏治韩江水道下问，他献策具图说进，太守深器重之，延为东隅义塾掌教。因地方多故，巡抚祁贡临潮，他进“权宜时务”万言策，巡抚奇其才，辟充幕府。

丁日昌

丁日昌，字雨生，又作禹生，清道光三年癸未（1823）出生于广东丰顺县汤坑乡金屋围。未显贵时曾寓居揭阳县城榕城，晚年又定居榕城。父丁贤拔，在汤坑开药店。贤拔妻袁氏，生五子；继室黄氏，生二子。雨生为黄氏所生，排行第六。丁日昌幼时秉性聪颖，博闻强记，过目成诵，被誉为“神童”。八岁时，随其三兄达夫就读于太平寺私塾。13岁丧父，靠其生母黄氏樵苏纺织，勉强维持生计。道光廿二年（1842），中秀才，翌年补廪生，困于庠。因家贫不能遂志，曾赴县衙击鼓鸣冤，高喊：“青天白日饿死廪生。”县令试之联对、诗礼，辄有惊人句，遂留衙作西宾。不久之后，经其塾师刘致中推荐，拜识了惠潮嘉道李章煜。李氏看了他的文章，叹为“奇才”，遂延至幕下。因献策解义军吴忠恕对潮州府城之围有功，于咸丰六年（1856），由廪贡生选授琼州府学训导，从此踏上了仕途。

丁日昌像

（图片来自孙淑彦．丁日昌年谱．哈尔滨：黑龙江人民出版社，2006）

咸丰九年（1859），授江西省万安县令。咸丰十年（1860），赣南道李瀚章重其才，调摄庐陵县令。是年三月二十一日，太平军李秀成部攻陷吉安，丁日昌因失城罪被革职。时曾国藩以两江总督钦差大臣督办江南军务，广延人才。七月，丁日昌驰行辕投靠，被延入营。他上书条陈政事，提出要平天下需以吏治为本的主张，切中时弊。同治元年（1862）春，由曾国藩奏请官复原职，以“才识宏达，条理精通”调广东督办厘务及军火。两广总督毛鸿宾称赞他“质朴精练，晓畅戎机”。同治二年（1863）二月，因功升直隶知州，赏戴花翎。同治三年（1864），以“学识深醇，留心西人秘巧”调上海，授予苏、松（江）、太（仓）兵备道。同治四年（1865）八月，出任两淮盐运使。同治六年（1867）正月，升江苏布政使，十二月再升江苏巡抚。同治九年（1870）闰十月初四，其母黄氏逝世，年九十。十八日，自苏州扶柩回乡，守制。

光绪元年（1875）八月，由两江总督沈葆桢奏请出任福建船政大臣。十一月，任福建巡抚兼办船政。光绪三年（1877）冬，又兼督台湾学政。因积劳成疾，于光绪四年（1878）四月获准退休，回揭阳榕城养病。

光绪五年（1879）赏加总督衔，命驻南洋会办海防事宜，沿海水师统归节制，又命兼理各国事务大臣。丁日昌以病不能胜任今命上奏，上谕命其病愈后入京，从此住于揭阳榕城。光绪七年（1881），直隶总督李鸿章丁忧请开缺，举丁日昌代理。翌年（1882）正月，旨到，然丁日昌已于两日前即正月初十日逝世，终年60岁。病逝前一日，丁日昌还口授遗折，因国事边事，拳拳在心。光绪九年（1883）十二月，诰封丁日昌为光禄大夫、建威将军，赏戴花翎，正一品封典。谕祭葬，葬榕城“絜园”。

一、整顿吏治，勤政爱民

丁日昌走上仕途之后，始终遵循为官之道在于勤政爱民的原则。因此，他着力整顿吏治。结合当时的形势，他提倡治外与治内相结合，富国强兵与整顿吏治相结合。他指出要“肃吏治以靖其内，修武备以靖其外”。要富国强兵，必须整顿吏治，而“整顿吏治是自强之本，富国强兵是自强之用”。他说：“然则为今之计，舍安民察吏，无以为自强之本……”在就任江苏巡抚时，为了告诫僚属，保持廉洁作风，他亲自撰联贴于巡抚衙门的朱红大柱：

官须呵出，干来若处处瞻顾因循，徒负刑章终造孽；
民要持平，待去看个个流离颠沛，忍将膏血入私囊！

他自己处处以身作则，不辞劳苦，办事刚毅果断。“两年间，清理积案27万余起”。《丰顺县志》记载丁日昌政绩曰：“每当夜阑秉烛，案牍高可隐人，靡不亲自稽核。每阅到百姓枉屈不伸，或受羞凌虐，辄破嘘太息，凄然泪下。或见勤政爱民之事，则呼群僚共赏。”对官场积弊，丁日昌深恶痛绝，曾在奏疏中说：“闽省吏治日下，官吏以百姓为鱼肉，百姓以官吏为寇仇。”他对贪官污吏非常痛恨，一经发觉必定严办，绝不宽贷。在江苏如此，在福建、台湾也是如此。他在处理福州船政局贪污渎职案时，不但斩决案犯文绍荣、沈纯等三人，连福州将军兼闽浙总督文煜等一批权贵也予以参奏交部议处。当时上海《字林西报》有一段报道称“（丁日昌）常以严彰僚属，祛贿弊而饬官风，事无巨细皆亲自度裁，绝不假手于人”。在巡视台湾时，又惩办了知府凌定国、副将周振邦、彰化知县朱干隆等贪官污吏，因而“一时吏治整肃”。由于办事公正严明，铁面无私，他也得罪了不少人。正如时人所言，丁氏“抚吴半年，虽鬓发尽白，仍免不了招来一连串的诽谤”。光绪元年（1875），慈禧在北京接见他时说：“你在江苏，官场恨你，然百姓都感激你，我也知道。”

由于出身贫苦，深切地了解百姓疾苦，丁日昌十分清楚地认识到：民心乃国家长治久安之根基，整顿吏治的同时，还要关心老百姓的生活。他在《复翁叔平（翁同龢）尚书》函中说道：“……然世人只计一家哭，不计一路哭也，愚家贫，故深知闾里疾苦。衮衮诸公，何曾一人做过穷百姓？虽非有心庇护贪吏，直视百姓痛痒漠然不关心，然而百姓已受害无穷矣！”又说：“此间时事更不如前，有司一蟹不如一蟹，民怨而官不闻……当官吏吃烟饮酒呼卢喝雉之时，正百姓哀吁无门之时。”在福建巡抚任内，福州先后发生两次水灾，他都亲临灾区指挥拯救。光绪二年（1876）六月，闽江暴涨，丁日昌亲率文武官员冒着暴风雨登城指挥。历经六昼夜的抢险，终于使数万居民免遭洪患之孽。光绪三年（1877）五月，灾情更加严重，丁日昌抱病指挥抢险四昼夜，以致病情加剧，当场吐血。当时上海《申报》报道说：“……丁雨生抚军政体违和，不能出署已阅月，闻警力疾而起，督视救济灾黎并分赈各事，凡四日不回署，诚有爱民之心也。”《字林西报》亦盛赞：“……抚宪于水甚之际，日夜不辍，亲视各城楼，遇饥民则含泪给食，啼者则含泪以慰。”正因如此，丁日昌离闽回揭阳养病时，当地父老“饯东门，榜于衢，曰：留中丞，活百姓”。

光绪二年（1876）至光绪四年（1878），西北三省数十县发生史无前例的大灾荒，除饿死和逃荒之外，尚有600万人奄奄待毙，急需救济。时丁日昌正在揭阳养病，闻讯立即组织募捐。他在《复吴春帆星使书》中说：“山西荒状为百年所无，竟有易子而食，闻之涕零。”由于他的热心劝募和各地董绅协助，至光绪四年（1878）五月，潮州一带及省港、新加坡、小吕宋、暹罗、越南各埠，总计经他手的捐款逾百万元。

二、办理洋务，讲究实效

丁日昌积极追随以曾国藩、李鸿章为代表的洋务派，认识到当时的中国面临“数千年未有之变局”，遇到数千年未有之强敌，他看到国家内忧外患，民不聊生，感到痛心疾首，“此所以中夜起立，仰天长叹而不自已者也”。他认为“闭关已不可能”，主张自强变法，反复强调“穷则变，变则通”的道理，认为再不变法，“则再无可变之时”；主张“师外人之长技以为吾用”，并希望“内外臣工，卧薪尝胆，奋发图强，与列强争雄”。

丁日昌大胆提出引进西方技术，“探求西人秘巧”，并主张自己制造。他说：“若不一面购置一面制造，则始终受他人把持，终无自强之日矣。”

1. 创立机器制造局

清代江南机械制造总局

（图片来自中国六盘水网）

上海机器制造局又称江南制造局或江南机械制造总局，是丁日昌在李鸿章支持下建立起来的。同治三年（1864）十月六日，李鸿章在《致函总署》中，附有《丁日昌请设制造外国船厂》的密禀。两天后，总署答复李鸿章，认为丁、李之见“切中时宜”，同意“悉心筹划”。同治四年（1865）九月，李鸿章在奏折中说：“……一切事宜已饬丁日昌督察筹划。”丁日昌遂于当年向上海租界的美国公司旗记铁厂购买机械厂房和船坞，成立机器制造局；同年，又将原本苏州洋炮局和由容闳向美国买的机器设备并入，由丁日昌兼任该局总办。上海机器制造局经过百余年来的逐渐扩展，今天已成为我国最大的造船业基地——上海江南造船厂。

2. 倡办煤矿局

丁日昌又向朝廷建议招募技术人才，测土开矿，解决燃料问题，以免受制于人。他说：“开矿一层，尤为目前军事、饷事之第一要务。”他主张“招集内地格致之士，辨认土性而别五金，庶造物之精华不致秘而不泄，而料土可由中土自行觅配，夷人也不致奇货可居矣”。同治二年（1863），他推荐唐建枢创办开平煤矿。在他的倡议下，19世纪七八十年代，洋务派先后创立了矿务局和河北开平煤矿局，有效地解决了工业发展的燃料供应问题。

3. 创办轮船招商局

由于清廷政治腐败，丧权辱国，中国海运及大部分内河航运几乎全由外国人把持，以致运输权利丧失殆尽。对此，丁日昌痛心疾首，积极建议发展航运以挽回权利。他说：“国家之有权利也，犹人之有气以通呼吸。今（外人）扼其吭而闭其气，而谓可苟延旦夕，有是理乎。豆饼者，吴商之利也，而夹板船争之矣；湖丝者，浙商之利也，而洋泾浜各洋商争之矣；茶叶、大黄各杂货，楚粤闽各商之利也，汉口、福建诸洋商争之矣。守则海口无可防守，而内则长江随处可入。古者夷狄患在耳目手足……今心腹受疾，

清代上海轮船招商局

（图片来自胡根喜．老上海．上海：学林出版社，2003）

药石所不能制，针灸之所不能施。此忠臣义士所当急起图维变通而补救之也。”他进而提出“购西洋之机器，师西洋之巧匠……使轮船飞炮，彼能为我也能为，西海东海，彼能往我也能往”。同治三年（1864），丁日昌向李鸿章建议，设厂造船，允许华商独资或集资购买洋船与外国竞争，挽回权利。因此他苦心经营，建立了新式的航运企业——轮船招商局。接着在李鸿章和沈葆桢的支持下，于1877年购入了美国旗昌洋行全部船只16艘，及其在上海、汉口、天津、九江、镇江和宁波的码头、机房，为该局充实了基础，因而招商局轮船公司一直是中国航运事业的龙头。直到新中国成立前，依然是中国首屈一指的轮船航运公司。

三、重视知识，善用人才

丁日昌一向重视知识，重视人才。他认为，“凡事皆以得才为第一要务。无才则万事俱废也”。他对人才的重要性作了生动的比喻：“国家之有人才，如鱼之有水，木之有根，火之有膏。故一县得人，则一县治……一省得人，则一省治。”又说：“日昌所谓才者，非但文采之足观也，要求有用之学……贵求自强之基。”他主张应知人善任。“欲求所以用人，尤必先求所以知人。”他发现人才如获至宝，必设法罗致幕下。在任福建船政大臣时，发现唐廷枢“才器练达，器宇深宏”，即请求调用。发现徐寿所制轮船巧不及洋人，而结实过之，便在“摩挲之余，喜不自胜”。并说：“此数人者，当宝贵而成就之。若各厂匠人皆能相观而善，如徐寿之独开生面，则始而人力不必假借外人，继而煤炭，五金亦可取材中土，斯不负精卫填海，愚公移山之一片苦心矣。”

对于罗致人才，丁日昌主张出榜招贤，破格选拔人才。他在同治七年（1868）就提出选择水师将才、外国使才、制造通才的建议，但求能任时局之艰巨，不必计较资格之有无。认为应兼求实用之才。他认为“今日之儒者殚精劳神于八股文字，闭户造车或出门而不能合辙”，主张学以致用，把八股改为八科。在封建制度下，等级观念极为牢固，丁日昌这种主张足以显示其崇实和革新的精神。派遣船政学堂学生出国留学（中国首批留学生），固然发轫于容闳，实际上却是由于丁日昌的支持和他亲自把计划献给曾国藩，才得以让清廷批准。

同治九年（1870）冬，在南京成立“留学生事务所”，由陈立彬和容闳任正副监督，经过一年预学之后，幼童留学生（12～14岁）开始分批赴美留学。至1881年，120名留学生被召回国，都掌握了先进的科学技术知识，为祖国建设服务（如铁路专家詹天佑、同盟会元老唐绍仪）。光绪二年（1876），丁日昌又派唐建枢和黄达权到香港考选在英国学校成绩优异的40名学生，入福州造船厂学习天文、算学、驾驶等科目，以培养本国技术人才。

第一批留美儿童同治十一年（1872）出发前在上海轮船招商局前的合影
（图片来自大众网）

四、关注海防，建设台湾

丁日昌清醒地认清国内外形势，“天下大变之来，方如烈火燎原，毁家室、毙人畜，在须臾之际”，而这种变局是由帝国主义的侵略所引起的。他痛感“外患急于陆者恒缓于水，从未有水陆交逼，处处环伺如今日之甚者，而作为东南门户的台湾岛，其可忧者尤在于外侮”。丁日昌是晚清第一个提出要建立新式海军并拟出具体计划的大臣。他认为“铁甲舰为海军第一利器”，而培养新式海军人才是个关键。同治六年（1867），他就提出“有器而不能使用与无器等。中国购买轮船，以洋人为教习，只可暂而不可久”。光绪元年（1875），丁日昌任福建巡抚，例摄台湾提督及学政。在任期间，他对台海防务非常重视。认为“台湾洋面居闽、粤、浙三界之中，为泰西兵船所必经之地，与日本、小吕宋鼎足而立。彼族之所眈眈虎视者，也必为据此要害。北可以扼津沽之咽喉，南可以附闽粤之脊膂”。他建议道：“……南洋则阻台湾为中心，或在鸡笼，澎湖、渔翁二岛之间重点设防，以固东南枢纽。”他在上总署书中说：“目前防务，仍以台湾为第一要紧，倭无举动则已，若有举动，必先图台湾，然后得寸进尺。”同治十三年

(1874)，在《海防条议》奏折中，又倡议在台湾驻泊铁甲舰，以为东南海防枢纽。奏请开铁路矿务，以裕军实而固边防。又奏请铺设铁路，架设电线，铺设通向大陆的海底电缆，并亲自拟订了建设计划。同年，上海《申报》评论说："今丁中丞首开煤矿，又筑铁路，其余诸务均欲改用西法以从事。数年之后，台湾所得之利必有可观矣。"英国海军军官寿文说："开发此岛的天然财富，丁巡抚是创始人……他将同这个政策而流芳千古。"同年，他亲自主持架设的台湾府城至安平、旗后的电报线，是中国有史以来第一条自建的电报线。

丁日昌主张积极经营台湾，必须认真整顿吏治，发展垦荒开矿，讲究番政，借以为海防张本。例如，在巡台期间，坚决惩治污吏，解决汉族与高山族的矛盾，计口给银米，教耕种，开水渠，设义学，给予台湾居民参加科举考试的机会。爱国志士丘逢甲就是丁日昌任主考官时考取的全台童子试第一名。丁日昌很赏识他的才华，特赠给"东宁才子"印章一枚；此外，又罢渔税，减轻渔民负担……实行较为开明的民族政策，受到高山族人民的爱戴，人们"捧花生，香腊顶祝"，并在台南建立"丁日昌庙"，以表彰他的功绩。

五、审时度势，办理外交

丁日昌一向关注国防外交，对当时的国外形势有清醒认识。在这一基础上，他提出了许多有关外交的重要见解。

第二次鸦片战争后，列强进一步加深了对中国的侵略。丁日昌与洋务派其他有识之士都看到，中国不发愤图强，就会被列强所灭亡。对中外关系，他认识到："自来中外关系不恃理而恃力。"弱国无外交，"我弱一分，则敌强一分，我退一步，则敌进一步"。正是出于对"理"与"力"相互关系的理解，他提出："论目前形势，则宜以羁縻为万全，论事后之经营，则宜以自强为根本。"他认为必须加强战备，以为外交之后盾。如在办理天津教案时，他向清廷建议"饬调李鸿章先行移札近畿，以资护卫"，做好充分的应战准备，在不得已时甚至不惜一战。

抵制外国侵略，保护国家主权，维护华商利益，是丁日昌外交思想的主导方面。丁日昌多次上书建议制造枪、炮、轮船以"驱虎狼"，建议建立以大兵船、铁甲舰为主体的近代海军。曾国藩也承认丁氏

“素有捍御外侮之志”。丁氏秉性偏急，遇外人无理挟制，便愤愤不平，以至于废寝忘食，啼嘘太息，不禁兴“匈奴未灭，何以为家”之叹。他就任苏松太道之后，发觉还有会防洋兵驻扎城内，认为“卧榻之侧，岂容他人鼾睡”，便与英法领事据理力争，终于使洋兵全部撤出城外。为了维护行政司法主权，丁日昌实行禁赌，照会外国领事，“将所有外国流氓尽数资送回籍，不致再来滋事”，并向外国领事严正宣布：“若再滋事，本道已饬受害百姓照中国格杀勿论之条，予以当场击毙。”对于依仗外国人势力的本国犯罪分子，他排除外国的庇护，坚决惩处。如对上海流氓头子英租界工部局工头陆尚祥，他就是先处死后才公开，以避免外国领事的干扰。他坚决反对教会干涉中国司法，晓谕地方官，“不宜一见教民如同见鬼，毫无把握”。丁日昌为维护华裔利益，争回被洋商夺取的杂粮船运权，虽受到总署指责，仍坚持自己的做法。

承认不平等条约，坚持按条约处理外交事务，也是丁日昌外交思想的内容。他主张：在中国尚无力量抵御入侵外力之时，必须忍辱负重，卧薪尝胆，信守条约，持平对待外人，以争取时间，而后尽雪前耻，合理修改条约。在当时的客观形势下，遵守条约就是承认不平等条约，坚持按条约办事，就意味着外国侵略者到此止步，防止被攫取更多利益。当然，我们不能超越时代，要求丁日昌拒绝执行不平等条约，只能要求其在执行条约时尽量少损害国家民族的利益。丁日昌是这样做了。他说：“每与彼族交涉，见其无理挟制辄有余及尔皆亡之愤。”这表明他是有民族自尊心的。在任苏松太道期间，前后争得“撤夷兵出城”、“缴犯事外轮充公”、“索回吴淞口炮台基地”、“严禁工商局收洋泾浜陋规”、“逮捕英教士陆尚祥正法”、“拔除浦东洋人私设电线”、“资遣外洋流氓返国”、“逮捕劣迹昭著的海关通译唐国华下狱”……“皆他人所愕怡不敢前者。丁日昌独以理析，以气伏，至今言上海外交强项者，独以日昌为首屈”（《广大通志·列传》）。上海名士蒋敦复称：“公（丁氏）处至，乱甫定……始西人桀骜，蔑视官府，以故各事多掣肘。公与委蛇，阴析其牙……（西人）每入白事，昂首盱睢而来，伛偻磨折而去。至是公之威令行于华洋杂处去区矣。”

华侨一向被视为“天朝莠民”，到处受人虐待，清廷不闻不问。独丁日昌对“海外孤儿”深表同情和重视。光绪元年（1875），他在

《双衔上总署秘鲁换约事宜书》中谈到华工的苦况："该国虐待华工甚于犬马，受虐自尽者日不知凡几，凡有血性之伦莫不切齿。今若不于照会内剀切议明，即含混与之换约，是则从前已死之华工不能使生，而随后复往之华工又将就死，数十万日在水火喁喁待援之人，更无求生之望矣。"针对这种情况，丁氏请求朝廷派出使节驻扎所在地保护华侨利益。凡海外贸易，皆官为之扶持维系，商之害官为之厘剔，商之利官不与闻，"则中国出洋之人，必系恋故乡，不忍为外国所用，而中国之气日振"。在《请饬粤闽严禁诱骗华工片》中提出朝廷应通知沿海各地禁止外人设招工局（俗称"猪仔馆"）诱骗华工，以保护未出境之华人，不致继续受骗。

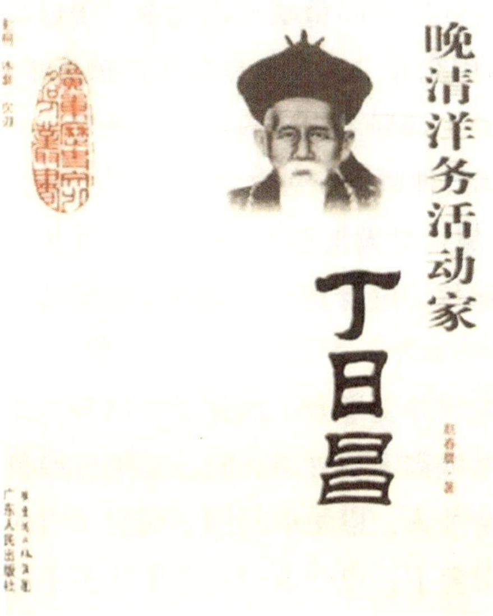

《晚清洋务活动家丁日昌》书影

（图片来自赵春晨．晚清洋务活动家丁日昌．广州：广东人民出版社，2007）

丁日昌从事洋务外交，虽然受尽清廷顽固派的攻击和诋毁，但历史证明他眼光锐敏、见解深远、措施与策略灵活。其积极进取精神超越同辈。虽然有其时代局限性，仍不失为清朝洋务大臣中的佼佼者。两江总督沈葆桢称他"果毅精明，不避嫌怨。近日讲求洋务，罕出其右者"。李鸿章称他"洋务吏治，精能罕匹"。广东巡抚、礼部侍郎郭嵩焘则称："方今洞悉洋务者止三人，李相国、沈葆桢、丁日昌。"

六、不遗余力，收藏典籍

鸦片战争及太平天国革命战争时，丁日昌正在江苏任职，见江浙一带藏书故本多有散出，即大力搜求，所获近 4 万卷。任上海道时，收上海大藏书家郁松年"宜稼堂"宋元旧本和普通本几万卷，又得顾湘舟精椠善刻，数年之内，藏书之富称雄一时。藏书楼名"实事求是斋"，后改名为"百兰山馆"，又命名为"持静斋"、"读五千卷书室”，藏书共10余万卷，当时与瞿氏“铁琴铜剑楼”、杨氏“海源阁”并驾齐驱。他又延请著名版本目录学家莫友芝、江标等学者为他整理校勘，编有《持静斋书目》5卷，收录宋本55种，元刊46种。另有《百兰山馆藏书目录》，著录图书3万余卷。《持静斋藏书纪要》，是善本书目。著有《抚吴公牍》、《保甲书辑要》、《百将图传》、《百兰山馆诗》、《奏稿》、《巡沪政书》等。其死后，所藏书多由北京、上海书贾购去，部分归于顺德李文田、广州莫伯骥等藏书家手中。

丁日昌辑《百将图传》
（该书为清代刻本，现存于汕头大学图书馆）

方 耀

方耀，字照轩，又名方辉，生于普宁县洪阳（今广东省普宁市洪阳镇西村）。出身行伍，以剿太平军发迹，官至广东水师提督。

一、镇压农民起义军，无可厚非“起家”史

饶宗颐的《潮州先贤像·方耀提督》（民国版）

咸丰六年（1856），太平军兴王陈金缸自湖南败退入粤，围攻清远。方耀之父方源奉命率所部前往救援，途中“陷伏兵溃”。方耀回普宁募集乡勇千余名驰援，解了父亲之围，“由是孝勇之名大噪”。从此，方耀在清远、广宁、德庆、连川等地继续与太平军作战，从把总晋为参将，朝廷赐号“展勇巴图鲁”。咸丰十一年（1861），他在高州再次大败陈金缸。同治元年（1862），方耀补琼州镇右营都司，署三江协副将，与卓兴“平肇庆贼，擒其酋”。第二年，陈金缸被其部将郑金袭杀献降。陈金缸据信宜一带达三载之久，“蹂躏数百里，一旦授首，遐迩壮之”，方耀因之升为副将，加总兵衔。同治三年（1864），方耀转战平远，曾因延误军机被撤职留用。不久又从平远率勇 4 000 人驰援武平，打败丁太阳所率领的太平军，官复原职。

其时，太平军江南余部主力曾于闽西南屡败清军。清政府派左宗棠督湘军由赣、浙分兵入闽。攻克武平之后，方耀继续转战于闽境。

《大清穆宗皇帝实录》同治四年（1865）三月条对此曾有这么几段谕述：“闽省南阳贼匪，横窜白沙、石磜等处，图入粤境，经方耀等军并力分剿，将石磜等贼巢一并焚毁，歼除贼匪几及万人，另股逆匪”，“欲绕越方耀等军后路，图窜粤疆”。“方耀等军，前谕粤边有警，仍令回顾”，“着左宗棠、徐宗干”，“与粤省入闽之方耀等军，联络声势，妥筹夹击”。太平军寡不敌众，康王汪海洋、侍王李世贤（李秀成堂弟）等于同治四年（1865）先后败走粤东。汪海洋虽败于左宗棠，其众尚有十余万，“蹂镇平、平远”。方耀“督六营扎南口以遏其冲，伺机掩击”，杀太平军近万人。接着，又回军扼大埔，与李世贤部队遭遇于五通庙，双方“血战三昼夜”。李世贤兵败退至镇平汪海洋军营，因内部矛盾，数天后被汪海洋所杀。是年十月，“方耀奉派剿贼，于贼抵龙南时”，又被认定追剿、截击不力，被“撤销提督衔，暂时革职”，但朝廷仍令其“奋勇剿贼”。这一年年底，汪海洋会同偕王谭体元等进取嘉应州。左宗棠调集各路清军前往围攻。方耀会同康国器、高连升（一说鲍超）“合歼之”，汪海洋中弹伤重，于第二年年初身亡。谭体元败走黄沙嶂，力竭坠崖，被俘而死。至此，太平军残部彻底溃灭，方耀因战功于同治七年（1868）复职，同年八月升任南韶连镇总兵，不久兼署（代理）潮州镇总兵。

二、治动乱举措得当，破积案毁誉参半

清咸丰年间，潮州民众受太平天国起义的鼓舞，纷纷揭竿而起。虽然农民起义都先后被镇压下去，但经此动乱，民风强悍的潮州地区械斗劫掠之事时有发生，一些强族恶霸趁各乡竞办团练、实行联乡自卫的时机拥兵崛起，雄霸一方，为所欲为。

在地方秩序如此紊乱的情形下，清政府政令无法实施，赋税难以收集，官吏几乎失去了对地方的掌控。因此，太平军余部被消灭后，清政府便急需整治潮州地区，计划由手握兵权的潮州总兵承担这项整治任务。当时潮州总兵为卓兴。卓兴深知此事不易为，又想到自己是潮州人，搞整肃、开杀戒难免会招人怨恨、累及子孙，故宁愿辞职归里，也不愿领这项棘手的任务。

同治七年（1868），两广总督瑞麟、广东巡抚蒋益沣便以方耀也是潮州人，悉知当地民情为由，奏准调他接替卓兴出任。起初方耀也再三推辞，但看到无法拒绝，便铁下心准备大干一番。由于瑞麟等人的大力支持，方耀取得了全权处理地方事务的权力，并获准由他发令招募兵勇，这就为他挟威治理潮州地区提供了条件。

清代潮州古城全景

［图片来自潮州文化研究（创刊号），2005］

方耀就任后，采取了一些强有力的措施，对历年来杀人越货、抗官杀吏的盗寇和土豪予以坚决镇压，重树地方政权的威望。他先后处理了陆丰等地的械斗案，诛杀了“拜会戕官”的陈独目，竖旗抗官的揭阳田笼得，“负险阻兵”的澄海谢奉璋、谢昆岗等，连十几年前曾参与抗杀揭阳县令的吴阿干，这时从海外回来，也被抓住砍了头。总之，该诛的诛，该杀的杀，悉数严惩。

最富有传奇色彩的是同治九年（1870）方耀所办的潮阳沙陇乡一案。沙陇是潮阳县的大乡，郑氏是沙陇乡的封建强族，丁壮粮裕。郑锡展、郑锡彤、郑锡建、郑锡位、郑锡武五兄弟更是强族中的强房。他们于社会动荡时号召族众，以联乡自保的名义控制了四邻各乡，横行乡里，滥杀无辜，无人敢与其抗争。郑锡展早卒，儿子郑森凶悍多智，承继其业，于乡中后溪埕建了三街六巷的巨宅，广聘谋士，僭号“太子森”，俨然成了独立王国。

除郑氏兄弟等土豪外，沙陇还有一些人中举后当了大官。方耀虽大权在握，但考虑到种种因素，也不敢大肆清抄沙陇乡。所以他办此案时，颇费了一番周折。他先着意与郑氏兄弟亲近，结为金兰之契，时常往来，关怀备至，以麻痹郑氏兄弟。郑森及其谋士却十分警觉，他们一面与方耀虚与委蛇，一面暗中加强戒备，使其无懈可击。同时他们还罗列了方耀的一系列罪状，以揭帖的方式投诉于省宪和京师衙门，借以困扰方耀。

沙陇乡一角
（吴忠文摄）

谁知就在明争暗斗的紧张时刻，郑森得了重病。他知道尚健在的锡彤、锡位两位叔父不是方耀的对手，临终前，他一再叮嘱两位叔父要对方耀严加防范，特别是要牢牢控制住根据地，兄出则弟守，弟出则兄守，无论如何根据地不可一日无主，然而锡彤、锡位却未能重视此建议。

一日，方耀假借母亲寿诞，邀请锡彤、锡位兄弟赴宴，锡彤按礼前往拜寿，留锡位守寨。不久，方耀又派人前来请锡位赴宴，锡位婉言推辞。来人说：“我家大人说，他与你们兄弟是金兰八拜之交，岂有义母寿诞而不去祝贺呢？况且今天惠、潮、嘉三州的文武官员都来祝寿，只待四爷一到寿筵便开席。”锡位看到盛情难却，又想到这么久来方耀对他确是情深义重，不像另有所谋，便随来人前往。殊不知，这正是方耀的调虎离山之计。锡位走后，官兵便四面涌至，占领了群龙无首的沙陇乡。锡彤、锡位遂入狱而死；郑森的棺材藏于墙的夹壁之间，也被搜出剖棺斩首，连三街六巷的郑家堡也被一把大火烧得精光，殃及无辜。

方耀清乡、办积案，从本质上说是为强化清朝的统治服务，手段严酷，许多百姓被抓、被逐、被杀，一些被清的所谓“匪乡”损失尤为严重，但同时他也镇压了一些为非作歹的恶霸，起到了一时安定社会的作用，客观上对国计民生有利，功过并存。

三、围海造田、疏江固堤，促进地方经济发展

经过战争动乱，潮州地区不少人失去了土地和家园，被迫流浪四方，这些人成了社会安定的隐患。方耀带领的潮勇在太平军被消灭后奉命裁撤，被裁的士兵中也有不少是无立锥之地的人，不给这批人出路，他们就有可能为盗为匪。方耀看到不少地方农民围垦荒滩海坦取得成功，就决心进行大规模围垦，以安顿那些失去土地的人。反正镇压农民起义军已经告一段落，治安也大有好转，他就堂而皇之地用“军屯”的名义，调动驻军开赴海滨，围垦造田。当年方耀究竟造了多少田，现在已很难确切地知道。但据调查材料说，单在榕江中下游的潮阳河溪、揭阳地都，当年就围海造田近万亩。

其中的地都邹堂前围垦地，是方耀与潮州绅士郭廷集合作，于光绪元年（1875）动工开垦的。除了派军队外，他还招募邻近各县乡民参加围垦。工程历时4年多完成，筑起一道长2 500米，高4米多，宽3米多的大堤，堵住了海水的浸漫，造出了面积1 500亩的田园。潮阳、揭阳、海阳、澄海等县均有贫民，包括方耀的族人，纷纷前来租种，形成了一个颇具规模的新村，方耀命名为“广裕村”（今光裕村）。为了纪念方耀和郭廷集，广裕村村民当年在村中建了“方郭公祠”。历经多年风雨，现在该祠仍保存完好。

为了解决海坦地的淡化问题，方耀听从乡民的建议，决定引鮀济河水经由鮀江都入地都到新垦地。他召集有关官绅议决，开河之地在府里田亩摊销；人力按受益田园面积摊派，钱粮则由方耀和郭廷集在垦地筹集的款项中支付。

光绪二年（1876）后，这段长30多公里的引水河挖通，这不单使新垦地很快变为良田，河两旁的数千亩旱地也因此得益。当地与汕头等地的交通也大为畅通。围海造田的最大受益者当然是主持开垦的方耀和郭廷集两人，租粮除一部分作为教育经费和公益金外，余下由方、郭两人四六分。但许多贫苦无所依的穷人也因此有了一条生路，且耕地有所扩大，社会生产有所发展，这未尝不是一件好事。

方耀治理韩江水患，也是他治潮时所做的好事之一。韩江是广东第二大河流，是潮州平原的主要灌溉、运输水系。其下游河道迂回曲折，河床积沙过多，一旦上游山洪暴发，便要决堤成灾。康熙三十三年（1694）的大水灾即是一例。当时江水暴涨，潮州北堤崩溃，洪水淹过城墙，西关一带屋舍被席卷一空，海阳、潮阳、揭阳、普宁四邑淹没过半，损失极为惨重。

方耀身为潮州人，深知韩江水灾的严重性，决心进行重新调治。他向海阳十八都殷富集巨资，于同治十三年（1874）申请疏浚韩江。被批准后，他即征集人力，购置外国机械着手开疏下游梅溪一带河道。虽然我们没有进一步的资料可以了解方耀当时购买的是什么机器，但是在那个时期敢于引进机器而非单纯依靠人力治河，这在清朝官吏中还是比较少见的。

同治十年（1871），韩江患大水，潮州城墙出现渗漏（城墙也为堤防之一），水退后方耀主持了勘察。他择点开挖后发现城墙是建在浮沙之上，于是将城基挖深，筑了一道全线贝灰隔水墙。有鉴于大水曾一度淹过潮州城墙，方耀又将城墙再增高3尺，工程共支付银两16 500两有余。竣工后不久，韩江又泛洪水，洪水淹到了旧城墙顶的位置，因为城基加固，城墙加高，避免了一场大灾。

堤身虽固，堤基仍虚。光绪八年（1882），堤内的穿泄严重，方耀又主持加筑灰篱7段，每段长40余丈，深3丈余，并采石填补矶头，共花了20余万银圆。其后数十年，北堤不易崩溃，实在有赖于方耀的整修。潮州城南至汕头市郊全长37.8公里的一段称为南堤，方耀治潮时尚没有顾及。

四、仿韩公以文治潮，重教育成绩斐然

方耀自小打滚于军旅之中，没什么文化，后跻身官场，深感不识文墨颇为不便。他延聘葵阳廪贡生方朝泰（字星曹，广东名儒）为家庭教师，认真学习经史，后批阅公文就不大假手幕僚了。有了这种体会，他对教育自然就有所重视。

据有关史志记载，方耀在各县或兴办或修复的书院如下所记：

清道光九年（1829），普宁县洳水、桂江、铁山三都绅士，倡建三都书院于铁山南麓“频蓬地”山坡上。书院凡三进，计正从厅房共28间，四周环墙，前立照壁置租百余石，奖励每科考试前三名者收租，并经理院事。

咸丰三年（1853），三都书院毁于兵燹，屡议规复，因经费不足

三都书院牌匾

（现藏于普宁市三都中学，吴忠文摄）

未果。同治十年（1871），方耀清办潮州积案，驻扎此地，为取悦士绅，特筹银4 000两，谕地方绅士协同修葺，并置租生息。后他又筹银100两，加上绅士捐款，建惜字宝文社，每年雇二人赴各地收拾字纸，涤净焚化，以示珍惜文字，崇文爱士。

同年，方耀在洪阳县城东南15里的麒麟古墟重修麒麟义学（现普宁市麒麟爱群中学，久废）。

普东义学在县西湖东花果寺旁，同治年间，潮州总兵倡建，光绪二年（1876）方耀捐资重建（今属揭西县）。

在大埔县（昔属潮州），同治六年（1867），有“启光书院，在县署右侧，方耀为之增筹巨款，嘱当地士绅建堂2、房5、号舍千位”。

有“宝峰书院，在桃山都义学之左，同治十三年（1874），廪贡生谢练、陈宝等，以义学无房舍可聚学员，请于潮州军门方耀，得两千银两，并募都内殷户捐建”。

在澄海县（今汕头市澄海区），方耀倡建了蓬砂书院和方公讲院，他还倡设乡学和义学数十所。

在潮阳县（现汕头市潮阳区、潮南区地方），同治十二年（1873），方耀又在峡山埠创建3进24间房的六都书院，并征沟头、大宅、新桥等乡买置年租300余石的田产作为院产。

同年，方耀与署潮阳知县张培、樊希元重修东山书院，还拨款给上学童生作生活费和乡试费。翌年，拨款改建奎光书院，并置租业160石为延师课士之资。还新设义学，一在东门外长寿庵，一在西门外紫霄宫，一在南门外治平寺旁焚王宫，一在北门外龙神庙，方耀都为拨款倡立。

汕头市潮南区六都中学

（原六都书院，吴忠文摄）

在揭阳县（现揭阳市区、揭西、揭东的地方），同治十一年（1872）改建霖田都棉湖的兴道书院（今划归揭西县棉湖镇），为官绅合建，购置产业银两千四百。书院即今揭西县兴道中学。

兴道书院牌匾

（藏于揭西县兴道中学，吴忠文摄）

有“蓝田书院，在新亨乡琅山之麓；因年月久远而荒废，1873年（同治十二年），方耀与知县周士俊倡捐，重建于新亨别关外的蓝田书院（即今县立第三中学地址）”。

在省城广州，清光绪年间，方耀官至广东水师提督，统辖全省水师，威震羊城。他应驻省城潮人请求，在广州珠江河畔长堤建潮州八邑会馆，会馆为三进大厅，后来大厅祀方耀，左右回廊，添置房舍，宽敞富丽，又扩大周围场地，建筑铺屋，命名潮音街。来往行人，多讲潮语。铺租收入，为会馆经费（以后又包括每年祭祀方耀之用）。会馆还兴办潮州八邑会馆中学，后改称济时中学，另设三民学旅，利于潮人赴省城求学住宿，又置万安旅舍，供潮商出入省城寄寓，既经济又方便。

光绪三年（1877），他拨款在潮州金山的周濂溪祠旧址创办一所可供潮州各邑生员修业的高级学府，这座命名为“金山书院”的学校3年后建成，共有斋舍70余间。为使书院有固定和充足的经费，方耀把眼光盯向了当时正蒸蒸日上的商埠——汕头。

汕头埠自咸丰十一年（1861）的《天津条约》开放为对外通商的口岸之后，各地商旅汇聚，楼铺栉比，生意兴隆，已粗具城市雏形。同治年间在汕头开创宏发艇船行和杉木行，以红头船开展远洋贸易而发了大财的澄海人辛廷壁看到汕头很有发展前途，就向广东藩司领了3 000亩海坦（即在金山街一带至乌桥同济等地区）执照，填筑成陆地。至光绪初，已在今金山街一带新填地上建起了商店20余座；同样在汕头开设艇船行，并经营钱庄，专放“官账”（即贷款给接到任命而缺乏盘缠或治装费的官员）。福建厦门巨商林乾泰也利用其任福建布政使的义父在官场的势力，向广东藩司领取数千亩海坦的执照（今福安街以北一带），建了不少房屋。

金山全景

（1926年普宁陈玉阶绘，该图存于潮州金山中学）

方耀决定向这些海坦地开刀，便以根治韩江水患为名，宣布没收“阻塞水道”的辛、林两家填地并限令拆除已建房屋。辛廷壁在官场上缺乏强有力的后台，虽然他竭尽心力维护，也无济于事。林乾泰也拼命活动，因为他的义父与广东布政使女婿于式梅的关系，侥幸保住了今福安街左边的一小部分产业。

方耀没收辛、林两家填地之后，并没有开挖河道，而是将其拨给金山书院和同济善堂。金山书院因此有了自己的产业，拥有房产数百间，学田4 700余亩，成为全省经费最为充裕的一个学校。

光绪七年（1881），两广总督张之洞视察该院，倡建藏书楼，方耀捐了7橱书籍。金山书院后改名“潮州中学堂”、“金山中学”，一直是粤东一带最负盛名的学校之一。方耀为金山书院出了这么多力，当时人们特意请潮州著名泥塑家潘强为他塑了一尊颇为传神的塑像，供于书院大厅。

出于办学的同样目的，方耀为资助那些家境不是很宽裕的赴考学子，于光绪二年（1876）首先捐金三千，在潮州倡建文祠。官绅争相仿效，很快筹集到一笔不小的款项，在潮州城前购地建祠。两年后文祠落成，题匾为“培元堂”。文祠以准许捐款者在祠中祀其祖先牌位的办法奖励捐资者，这也有力保证了经费的来源。这种成立类似基金会的机构襄助本地外出求学者的形式，至今在海外华人中依然盛行。

方耀还有一件事与他的兴学有关，这就是在广州和北京修建潮州会馆。潮人善于经商，其足迹遍布海内外，在省城广州和香港都较有基础。方耀看到当时许多大城市已建有潮州会馆，而广东的省会却没有一个统一的潮人团体，因此发起倡建广州“潮州八邑会馆”。他邀集广州、香港两地的潮商老板资助此事，并提议除捐助的资金外，凡潮商收兑的客货每千元抽金1元（后因欠建筑费和置业费，改为每千元抽金4元）作为基金。会馆于同治十年（1871）在广州油栏门外石公祠左旁择地兴建，5年后这座耗资洋银10万余两的宏大建筑物落成，方耀撰文勒石记其事。

北京的潮州会馆原设于外廊营，清乾隆年间，历任江西南康、广信知府的澄海人陈时谦捐金千余两购屋，与孝廉陈芝将会馆搬迁到前门外延寿街。光绪十二年（1886），方耀奉旨进京，见该会馆已破漏不堪，便发起重建。新馆命名“宣南郡馆”（简称“南馆”）。方耀又从金山书院租产中拨出部分款项给该馆，名为“都门旅费”（科举废后，改为学生津贴），以补助在京城的潮籍举子和官宦。地域性的会馆组织虽然带有封建性，是特定环境中的特殊产物，但它能够起到敦睦乡谊、团结互助的作用，在一定程度上还能维护在外经商的潮人的合法权益。同时，会馆还为远行的乡亲提供低廉的住宿和膳食。许多

后来有所建树的潮籍学者、专家，当时就是得助于会馆的这些有利条件才完成学业的。

五、固海防抵御外侮，捍神州保一方平安

同治十三年（1874），方耀奉命筹办潮州海防。当时他仔细地巡视了沿海的防务，看到原有各海口炮台已废旧不堪，即使重修也无法与列强的兵舰相匹敌，要加强海防，非得新筑新式炮台或造新兵舰不可。仿外国式样的新三合土炮台，每座需费用十余万金，造装甲兵舰费用更甚，财绌举羸，他不得以只好选择最关键的地方先筑一两处炮台。

他认为汕头对于澄海县的重要性就如潮州府之于广东省一样，而汕头港水深河阔、四通八达，既可直达省城，并可旁趋潮州、揭阳，现在更有各国俱设洋行在此贸易，百货委积，万户相连，兼与香港、省城、佛山各处买卖一气相依，设有疏虞，全省皆为震动。因此，方耀力筹巨款，于入海口的汕头崎碌地方筑有炮台一座。工费 8 万余金，历时两年始完成。这座炮台俗称“石炮台”，它历经了百余年的风风雨雨，至今仍坚固如初。

汕头石炮台公园局部
（图片来自潮汕人论坛）

方耀还计划于“敌船入汕头埠所必经”的港口两山——放鸡山（今妈屿山）、马山——再造新式炮台数座，与崎碌炮台相为犄角，但马山炮台台基建成后，便因经费不足而中断。“最为福建、广东咽喉要地”的南澳岛，当时方耀也在扼要处的猎屿动工建一圆形水面炮台，同样因为钱款缺乏，只建了一个基础便中辍。

时隔 5 年，方耀发觉防区原有水师船只“工料单薄，只可捕盗缉私”，根本无法抵御外敌，沿海各口炮台也没改观，连已建好的崎碌炮台，虽安有两门颇为壮观的洋炮，但炮架过高，不适于实战，依然

是一座空炮台。他连忙一再禀省，请求拨给后膛装的新式洋炮和铁甲轮船。他认为只有这些新式装备才是阻遏外国侵略的最有效武器。经过多方努力，省方终于运来了几门洋炮，方耀急忙赶到汕头验看，却发觉依然不适于炮台之用，因为这些洋炮只是请洋匠依洋式而造出的，根本不适应当时汕头的情形。

方耀只好分拨给其他炮台。限于财力，当时不可能再搞大规模的海防建设。为防突然而来的侵入，方耀只好将各地土炮台略仿洋式进行修建，并从清乡收缴的民间洋、土炮中挑选出尚可用的500多尊配合使用。炮台、装备不足恃，兵员也严重缺乏。当时方耀所辖兵勇才5 000余名，平时各守府城塘汛，一旦有敌人袭击，不单集中不易，即使集中易，海岸线那么长，也防不胜防。方耀想到当年办团练的经验，便亲订章程，“亲督文武各员周历沿海一带乡村，传见绅耆（指德行受尊敬的老人），鼓励他们设立团练，以作为战时的辅助”。

光绪九年（1883）八月，法国政府派军攻下越南顺化，迫越南王朝订立《顺化条约》，要把越南变为自己的殖民地。应越南政府要求，驻防越北的清军严阵以待，战争一触即发。广东邻近越南，形势也顿显紧张。方耀接到命令调防钦州。临行之前，他吩咐家事，慷慨誓师，颇有“不斩楼兰誓不回”的气概。刚过两个月，他又调往广州，充海防全军翼长。不久，方耀代理广东水师提督，调驻虎门。清王朝对他的寄望可谓深重。方耀感激涕零，积极布防。

从光绪十年（1884）到光绪十五年（1889）间，虎门陆续增筑了“沙角之白草、捕鱼山、仑山、蜈蚣山、旗山、龟山、狮子山、白鹤山、象山、凤凰山十台，大角之振威、振定、振用、安平、安定、安威、安盛、安胜及蒲州九台”的炮台。上、下横档的炮台也在这期间内进行了彻底的改造。经过方耀等人的不懈努力，虎门与两次鸦片战争时相比有了截然不同的变化，旧炮台大都为石砌，建于山脚，裸露于外，战争的实践已暴露了这种炮台的致命弱点；新炮台多建于山顶，采用不会碎裂伤人的三合土，装备德国克虏伯厂制的新式线膛后装大炮，可以四周旋转，上下左右射击，居高临下，视野开阔，射程远，覆盖面广。配合山顶明台，还建了一些暗台，并以隧道相连接。

从纯军事观点看，改造后的虎门炮台真正成为一个比较严密、合理的防御体系，用于对付那个时代的外来侵略者，确实具有一定的威

慑作用。在修筑炮台的同时，方耀还积极练兵，让官兵学习新式的炮战技术，并亲巡港汊水道，绘制海防军事要图。应该说，方耀为抵抗外国侵略而加强国防的这种务实精神是应予充分肯定的。

光绪十年（1884），法国海军聚集福建，张之洞、彭玉麟派两艘兵舰前往增援，又上《派兵援福建疏》，曰“查广东潮州，距福建较近，署水师提督方耀，旧部尚多，素称得力”，得旨飞咨该提督派副将衔督标补用游击方恭，督带在海丰属查办匪乡之潮勇一营，驰回汕头，一面饬令署潮州城守营都司方鳌，将所部潮州防勇两营，交方恭接统，并令方恭添勇一营，另募水勇一营，共成五营就近在潮郡拨足军火、军装，由广东善后海防总局，会同广东藩司，筹垫两简月口粮、银两及酌发轮船盘费，于六月三日在汕头陆续起程，乘坐“毡拿号”轮船直赴福州进口，驰福建省候调遣。并饬方鳌募补三营，照旧填扎，以固潮防。毡拿轮尚在途中，中法马尾海战已经爆发，南洋水师全军覆没。潮勇及时增援，对稳定福建局势起了一定的作用。

中、法、越南谅山战役之后，法军图谋向广东侵犯，在广东监督防务的彭玉麟集中文武官员，询问战守策略，方耀从袖中拿地图，指明虎门至珠江设防情况，使彭玉麟忧虑顿消。时逢元旦，彭备办贺岁物品，偕方耀乘船至虎门慰抚守军，见各处炮位坚守无缺，防备森严，甚为高兴，对方耀倍加倚重。彭玉麟来粤视察回京后赞道：“广东有方耀在，可高枕无忧啊。”

马尾海战结束后，张之洞奉命收编刘永福的黑旗军。此时，方耀奉命兼节制两广水路军务。据传在张之洞的策划下，方耀亲带师爷“单刀赴会”，不动一刀一枪，终于说服刘永福归顺，将黑旗军改编成方耀辖下的方桂生所部。后来，方桂生在抗法战争中捐躯；刘永福则在越南地区大败法军，崭露头角，战后任南澳总兵。

同治七年（1868）潮州总兵方耀告假归乡，选中洪阳城郊东南面马院桥村这块地方营建府第，陆续用20年时间建成，包括老寨、中寨、新德安里及绍园。老寨建筑格局为“百鸟朝凰”，中寨和新德安里为“四马拖车”，三寨相连，房屋773间，外置护寨河，总面积4万多平方米。这是广东省内罕见的大型府第式建筑组群。

洪阳镇德安里
（吴忠文摄）

方耀在广惠办清乡积案，也触犯了许多豪绅官吏的利益，他们纷纷向省宪上诉，告方耀“越权恣行、任人唯亲，纵部勒索”等罪名，这使张之洞也半信半疑，专门致书方耀询问，方耀只得百般辩解。一方面要表示自己尽忠尽责，军务、政务日夜操劳，一方面又要苦心经营上下左右关系、时时对付同僚们的攻讦，方耀心力俱竭，终于光绪十七年（1891）七月，在任内因病逝世，终年仅58岁。《清史稿》也为他立传，评价他是“善战兼谋勇，尤善治盗”。

曾习经

曾习经像

（图片来自孙淑彦．曾习经先生年谱．北京：中国文史出版社，2006）

曾习经（1867—1926），字刚甫（一作“刚父”），号蛰庵，署蛰庵居士，揭阳棉湖（今揭西县棉湖镇）人，光绪十四年（1888）就读广州广雅书院，光绪十八年（1892）登进士。初任户部主事，官至度支部右丞。在清帝逊位前一日辞官，退居京都，躬耕不辍。民国政府曾三次聘其出任财政部长、广东省长之职，曾习经都固辞不受。其后，曾习经在直隶宁河杨澧（今属天津宁河县）十多年，民国十五年（1926）十月四日病卒于北京宣南丞相胡同潮州会馆。

曾习经精通财政，喜好藏书，更擅长诗词和书法，在清末岭南诗坛曾辉煌一时。晚清广东，除黄遵宪、康有为、梁启超等维新派诗人外，还涌现出了被誉为“岭南近代四家”的梁鼎芬、曾习经、罗敦、黄节四位名家。其中，曾习经的诗尤为时人及后世所推崇。丘逢甲就有诗论及曾习经：“四海都知有蛰庵，重开诗史作雄谈。”撰写《鱼千里斋随笔》的李渔叔对曾习经极其倾赏，认为习经诗“最精警”，其七绝“丰神绝世”。狄葆贤在《平等阁诗话》中也称：“读蛰庵诗如饮醇酒，令人不觉自醉。”梁启超对曾习经推誉更高。他在《蛰庵诗存》序文中说曾习经的诗“光晶炯炯，惊心动魄，一字而千金也”。在《光宣诗坛点将录》、《近百年诗坛点将录》和《中国近代文学大系·诗词集》等全国性诗词家名录和诗词选集中，曾习经都占有一席之地。在书坛上曾习经又与广东李文田、潘存、江逢辰诸名家齐名，撰有《曾习经字帖》等。

一、勤政履职重节操

光绪十八年（1892），曾习经登进士，开始了他的仕宦生涯。从这时起至宣统三年辛亥（1911）十二月二十四日，曾习经一直在户部（后改为度支部）任职，他从户部主事升任户部员外郎。光绪三十二年（1906）户部、财政处合并改设为度支部时，升任为度支部左参议；不久擢为度支部右丞，兼任税务处提调、清理财政处提调、印刷局总办、大清银行总办、宪政编查馆学部咨议官等职。

曾习经像及遗墨

（图片来自孙淑彦．曾习经先生年谱．北京：中国文史出版社，2006）

在曾习经任职20年间，恰好是清廷财政最吃紧的时候，内是库存空虚，外则赔款负债。鉴于当时的形势，朝廷有意筹办新政，因此，有关税务、币制等一系列具体工作都必须认真对待。曾习经精通财政，徐世昌称赞他“佐农曹综理精密”；陈声聪在其所著《兼于阁诗话》中也称曾习经对“赋税岁计了如指掌，称能吏”。曾习经深知中国积弱的根由在于清朝封建专制制度的腐败黑暗，中国要走上富强之路，必先要改革政治，搞好经济。曾习经虽然不是户部（度支部）的一二把手，毕竟是干具体工作的职官。特别是户部改为度支部之后，身兼数职，办事仍极认真，可谓尽职尽忠。

宣统三年（1911）十二月二十五日，溥仪下退位诏。而在前一天，曾习经就已辞官归田。对于这个行动，当日有人提出诘问，他说：“吾行吾心所安而已。”曾习经是科班进士，受千百年来儒家文化积淀的影响，忠君思想是最重要的信仰；士大夫那种视“节操”比性命还重要的观念，深深地扎根在他的头脑中，他不愿做“贰臣”。既然他所忠敬的君国已经消逝，“达则兼济天下”的依托已不复存在，就只

能“穷则独善其身”了。日后他颇为自慰地说：余受朝廷厚恩，兼任数职，能于国变之先引去，大节无亏，差事自慰。节操二字不可不慎也。

正因为曾习经特别重视“节操”，所以当袁世凯称帝、张勋复辟，以财政需人整理，礼征再三要其任职时，他抱首阳之志不肯就，以积俸五千元在天津杨漕买田百亩，自号“蛰庵居士”，开始了一生中最后十五年的生活，直至谢世。对此，梁启超的评价是：

既不能手援天下之溺，则归洁其身。年四十而全节以去，六十而返其真。呜呼！此揭阳曾刚甫右丞遗像——有清易代之际第一完人。

民国十五年（1926）十月四日，曾习经病逝于北京宣南丞相胡同潮州会馆，老朋友梁启超、叶恭绰等人将他葬于北京。梁启超的挽联如下：

不食民国粒粟，不染清宫点尘，关节耐岁寒，故都遗老一人而已；
忆与孺博联诗，忆与孝通载酒，交期数泉路，少年同学逝者如斯。

二、晚清文坛显才华

曾习经的诗尤为世所推崇。他博采众长，融汇百家，既取径古贤而又力避其貌，独辟一境，是一位具有独特风格的名家，在岭南近代和当代文坛中有着重要的影响。

1. 忧愤终可补，倾危势已深

曾习经早年曾从诗人梁鼎芬问学，为诗颇受梁氏的影响，幽秀锦丽，有李商隐的风骨。当时清廷正处在慈禧太后弄权时期，外侮内忧，朝政日非。这反映到曾习经的作品中，就是感时忧世，“时作幽咽凄断之声”。

光绪二十年（1894）甲午战争中国败师，曾习经和好友梁启超为此忧伤憔悴，两人的感情相通，皆为忧国事。晚上两人坐在西山碧云寺门之石桥上，对月谈论国事，说到悲痛处相抱恸哭。在此期间，国事日非，不少爱国志士被迫离开北京，曾习经写了一些送别诗词，充满对祖国前途和友人命运的关切之情。吏部主事江逢辰（字孝通）是广东归善（今惠阳）人，其为官清正，主考时拒贿，在这一年以告假养母为名，失意南归。知音远去，孤根无托，曾习经以《送江孝通归里二首》赠行，寄托其满怀的幽愤：

曾习经57岁《腊梅图》轴及题诗

（图片来自孙淑彦. 曾习经先生年谱. 北京：中国文史出版社，2006）

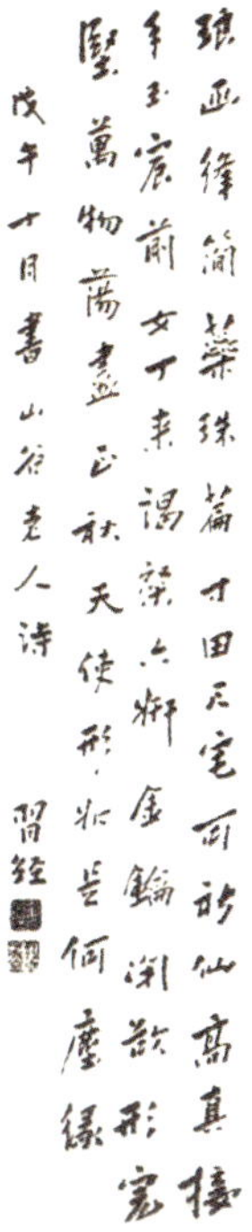

曾习经52岁书黄山谷诗

（广东省博物馆藏）

忧愤终何补，倾危势已深；天心实仁爱，雪意况阴沉。
不寐迟明发，临风寄远襟；孤根亦可赖，所得是知音。

此日饮归客，前期送逐臣；着眼不得意，相顾各沾巾。
莽莽春无主，凄凄去所亲；未应从屈贾，歌哭损天民。

再如《乙未二三月之间》组诗之一：

春日迟迟夕，春愁尔许长。微歌意不适，薄醉未成狂。
独下感时泪，兼之惜往伤。何当从年少，花草弄繁香？

组诗共6首，作于中日甲午战争之第二年，《马关条约》行将签订，曾习经不禁为此感时伤春，悯乱忧生。他深知中国积弱的根本原

因在于清政府的腐败，要图强，必先改革，所以积极支持康梁维新变法。而且，他当时年方30岁，正是贾谊向汉文帝献策之年华，故每以贾生自比。但面对纷乱的政局，他更深知回天乏力。

光绪二十四年（1898）四月，光绪帝颁布《定国是诏》，宣布开始实行维新变法。二十七日，慈禧太后先发制人，迫令光绪帝将其老师翁同龢“开缺回籍”，曾习经预感维新运动前景艰险，写下了被梁启超称为“光晶炯炯，惊心动魄，一字而千金”的《送常熟翁师傅归里》组诗，透露出心中的无限悲愤。

天问殊难答，臣心久郁陶。遥怜贾生策，不分屈平骚。
江海沉冥易，湖山歌舞劳。向来忧国意，馀愿老蓬蒿。

（其一）

五月南风发，江涛送远人。时穷仍适意，隐乱若栖真。
太息吾安放，凄其无所亲。最怜双阙月，流涕念霜晨。

（其三）

江海沉冥，国将不国，贾生难效，天问难答，真是凄婉已极。戊戌变法失败后，很多维新人物或被杀或逃亡或被黜时，曾习经更加担心国家的命运，对那些维新派的朋友也感念尤深，其诗作悲怆低沉。《病起不寐读〈党锢传〉》一诗是他内心世界的真实写照：

秋玉何妨折，明灯竟自煎。不才逢世难，将泪寄遥年。
此意无人识，孤情不厌偏。惟怜新病后，残泪曳虚弦。

夜深不寐，灯下读《后汉书·党锢列传》，想起私交颇好的维新朋友，怀念与悲怆之情只能寄于诗中。在曾习经眼中，维新志士也就是“党人”，迫于当时的政治气氛，他没有勇气公开悼念，只能在诗中留下思想轨迹。

曾习经也把这种悲愤之情寄之于词，感时伤事，题画而有寄托，用悲凉的歌词唱出心中的痛苦与怀念。如《眼儿媚》：

西风吹叶下庭心，人去戍云深。重微残梦，玉关新恨，昨夜霜砧。
愁烟梦雨飘零尽，斜照见孤临。伤秋苦语，感此清泪，簌簌空林。

在这段时期内，曾习经总处于悲痛愁苦之中。他观剧而觉“可怜前夜华山别，肠断班骓送陆郎”（《观剧》）；见落叶飞絮而觉“飞花飞絮都含恨”（《落叶四首》）；听雨而觉“只愁泥滑妨骄马，却恨轻寒滞晚禽”（《听雨》）。总之，愁苦像一张黑网，总是紧紧地包围着他。

2. 国殇何处酹，乡泪暗中消

光绪二十六年（1900）秋八月，北京被八国联军攻陷，慈禧挟着光绪帝离京出逃，举朝惊慌，全国震动。曾习经也随同朝一些人到北京东北郊平谷县避乱。面对国土受人宰割，河山破碎，人民被杀被戮，哀鸿遍野，作为诗人，曾习经当然要用诗词来抒写自己对国事的深切忧虑和对外敌入侵的愤慨。他在平谷避乱时写的《平谷杂诗十八首》和《平谷秋兴》，就是这一时期心情的真实写照。如《平谷杂诗》其三、其十二、其十六：

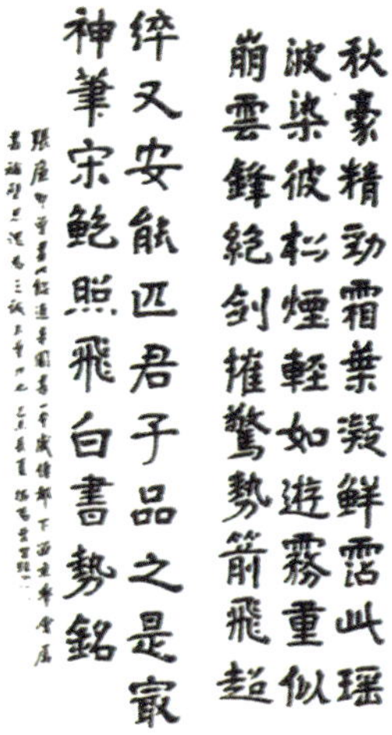

曾习经53岁书《飞白书势铭》赠留京学会

（图片来自孙淑彦．曾习经先生年谱．北京：中国文史出版社，2006）

秋气已如此，归期竟寂寥。国殇何处酹，乡泪暗中消。

觅食艰粱稻，看人揠豆苗。荒山愁茧足，农圃坐相邀。

（其三）

未倦穷途意，新凉正养疴。故家辞岭海，残梦落交河。

夜雨淋铃曲，秋风敕勒歌。杜陵原野老，流泪满江沱。

（其十二）

空谷幽人怨，山城戍卒呼。残兵抛断镞，过客卖明珠。

晚市鱼虾贱，荒阡草树芜。灵凤初圣女，凄绝夜啼乌。

（其十六）

尚有句如：“铜驼无近信，金雁有哀词”，“玉辇埋荒草，金轮追上清”，“覆辙伤钩党，中原办绎骚”，“使年忧国意，拭泪到沧桑”，皆写当时重大的历史事件，如慈禧太后挟光绪帝出逃及珍妃被逼死之事。其他如哀悼阵亡将士，感叹人民生活痛苦；无时无刻不想念在侵略者铁蹄蹂躏下的北京城，想念远在天涯的故乡等。

《平谷秋兴》更是感慨深沉，托意深微，表现出诗人的爱国情怀：

画角呜呜闭禁城，不堪垂泪更分明。未成报国惭儒术，宛是还乡听鼓声。

一月照人愁欲绝，百年多难苦为情。未知忧患犹多少，羡尔厨头老步兵。

（其二）

惨睹山河破碎，痛感百姓苦难，遥忆天涯故乡，慨叹报国无门，曾习经一颗凄苦忧时的心，在“秋月”、“夜雨”、“残梦”的陪伴下，独自咀嚼着人生的苦酒。一个小小的六品官员，面对着整个即将全面崩溃的王朝回天乏力，只有用诗词来发泄内心的感慨。

曾习经在其词《桂枝香·庚子闰中秋》中抒发了对外敌入侵的愤慨，对慈禧和光绪仓皇西逃的扼腕拊膺，对祖国河山受到蹂躏的忧虑：

晚云绀碧，怅不语依前，蝉嫣何极！几度凝妆，愁锁暗尘罗额。重来恰喜逢秋惯，问琼宫，几时将息？良宵暗展，铅华净洗，镜鞶相忆。

剩几处笙歌瑶席？似今夜寒些，桂阴狼藉。小影山河，应亦徘徊陈迹。坠欢零梦轻轻记，尽怜伊，愁钿笛。情怀积叠，平分不尽，半楼斜白。

光绪二十七年（1901）秋，帝国主义迫使清政府签订了《辛丑条约》，慈禧太后又回到北京，继续其腐败的统治，曾习经在这前后写了不少忧国忧民的佳作。如《春心六首》、《别梦五首》，以温婉之语写胸中郁勃不平之气，得所谓“风人之旨”。名作如《崇效寺牡丹开后作》：

帐卧春归十日阴，落花台殿更清深。被栏碧叶如相语，辞世青鸳不可寻。

物外精蓝谁舍宅？乱馀恶竹又成林。迷阳却曲饶忧患，那得端居长道心？

春光逝了，牡丹谢了，恶竹成林，残阳迷茫。温婉而深沉的诗句，流露出正人君子被斥逐或杀害，小人却得势横行的郁勃不平之气，也流露出曾习经对政局的绝望。

再如《为袁觉生题潘连巢〈蕉山图〉》：

满眼江山涕泪成，廿年浮玉旧题名。故山好在今难讯，奈此江流日夜声。

这是诗人辞官（1912）后的诗作。诗人历经20年的官宦生活，本想建功立业，可眼前看到的是江山涕泪，故山难讯，却化作江流日夜不息的潺潺水声，一种无奈的心绪油然而生。陈衍《石遗室诗话》评此诗曰：“声情激越。”

3. 平生久惯江湖味，却又关心早晚潮

辛亥革命之后，曾习经以清朝遗老自居，决意辞绝官场，选择归隐田园，投向大自然的怀抱。诗人旷达自适，其诗“绚烂之后，归于平淡”，表现了一种由无望而放松的心境，描写田园之美，“别饶逸趣，一种闲适之致，谓可方驾放翁、石湖”。徐世昌的《晚晴簃诗汇》有一段对曾习经晚年诗作的评价：“辛亥后，寄寓宣南，却聘课耕，贫悴以殁。诗托意深微，而出以淡雅，温厚清远，在都官、后山间，光、宣之际，自名一家。”特别是曾习经的七绝，在晚清诸家中尤为出色，“风华朗润，摇人心魄”。

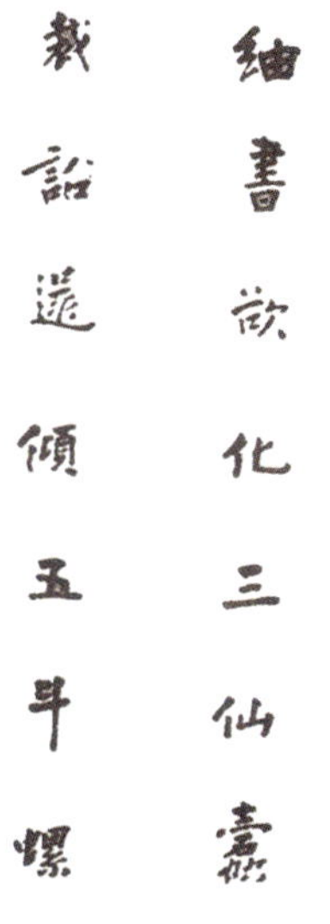

曾习经53岁楹联赠李璧东仁兄

（图片来自孙淑彦. 曾习经先生年谱. 北京：中国文史出版社，2006）

曾习经在田园自然风光中获得精神世界的愉悦，进入精神与外在世界的通灵状态，领悟大自然的真趣。这一时期，江山、花鸟、船舷、明月、白云、琴丝、树木、田野，都无不诗意地成为曾习经笔下的意象，显得自然真朴。《田园杂诗十四首》便是这一时期的代表作。诗中细致地刻画自然景物，写出了田园生活的乐趣，表现出一种闲适的情致。

如《田园杂诗》其三：

蛙声阁阁水平畦，粳稻初秧绿渐齐。雨后斜阳红较好，小船摇曳过河西。

夜起微茫月坠霄，青芦风动叶萧萧。平生久惯江湖味，却又关心早晚潮。

蛙声阁阁，新苗映绿，雨后斜阳，夜风吹曳的芦叶，一切都是那么富有诗情画意，一切的无可奈何都在如诗如画的田园风光中得到了解脱。又如《寓居春晚，花卉蔬果敷荣，欣然有作》其一：

梨花相倚海棠香，积李崇桃画夜光。漫诧岁赀营日富，一庭春物太昌昌。

这是晚春时节曾习经躬耕获得丰收的诗作。桃红李白，瓜果飘香，一派繁荣的景色。曾习经完全没有愤懑，没有失落，只有欢欣之情，一切的不如意已经消失在田园幽静而又充满生气的美景中。

曾习经在田园生活中躬耕劳作，体味人生，获得了身心的彻底解放，达到了精神的适意。他在乡村田园中自由地往来，无拘无束。如《寓居春晚，花卉蔬果敷荣，欣然有作》其七：

下学儿童种瓜，植援屈竹略喧哗。不妨见卵求时夜，一尺春泥茁露芽。

再如《题谭玉生烟雨归耕图》：

蓑笠携锄事宛然，敢将踪迹比前贤。此中风趣吾差识，惭愧宁河过十年。

曾习经以一颗率真的心观察着田园事物的变化。他在诗中就把这种似不甘寂寞，又无可奈何的心态抒发得更为确切，诗句中也流露出旷达自适的心境。

曾习经在农闲读书生活中获得了精神的绝对自由，诗意的氛围让他忘却忧患。曾习经本来就是一位才华横溢的文人，他精通书画，喜欢读书，凡经史子集、儒道释，均有涉猎。诗人对读书生活似乎很有感情，他说：“忆否清佳堂下雪，耳边犹有读书声。”（《李汉珍同年六十大寿》）书斋生活让他思接千载，对话古人，神游宇宙，达到一种物我相融的状态。如《缇亭六绝句》第六首：

前俯长河后枕渠，天光云影总模糊。不闻澄澈与流浪，自在亭中读道书。

诗歌中，曾习经描绘了一幅恬静淳雅的江亭读书图，言近而意远，令人低回遐想。曾习经旷达自适的情感在诗歌中自然洋溢出来。正是这种旷达自适、自然质朴的情感，使他的诗歌有别于其他清末诗人那种险怪苦涩的诗风，而呈现出自然清雅的诗歌风貌。

三、碑帖书体成一家

作为一个清末民初的书法家，曾习经的书法艺术与其诗词一样，闪耀着熠熠的光芒。从现有的资料看，曾习经一生在书法方面主要致力于楷书的学习和创作，他把隶书、魏碑、唐楷、行书四者有机地结合在一起，开创了碑帖结合的一种新书体。

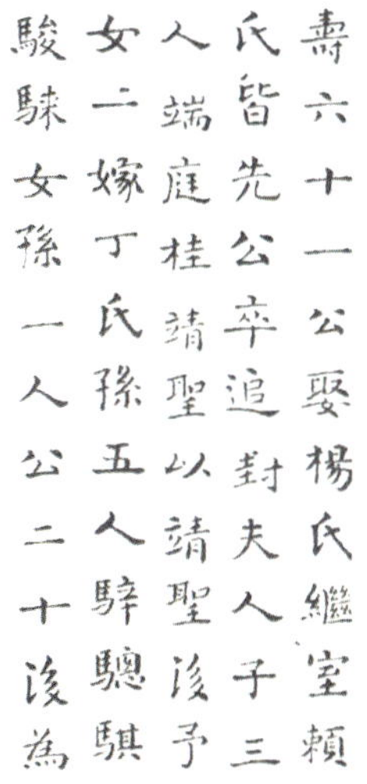
壽六十一公娶楊氏繼室賴
氏皆先公卒追封夫人子三
人端庭桂靖聖以靖聖後予
女二嫁丁氏孫五人騂驄騏
駿騄女孫一人公二十後為

曾习经 54 岁为伯兄述经撰书墓志铭二

（图片来自孙淑彦．曾习经先生年谱．北京：中国文史出版社，2006）

《岭南书法史》说：“曾氏的书法，源出六朝，旁及唐人写经，古雅脱俗。亦能作瘦金体书，常用以书扇。广东省博物馆藏其行书黄庭坚诗轴。用笔方中带圆，间参以隶意，笔法颇近《张黑女墓志》。”《中国美术家人名辞典》也说他：“书宗张黑女，亦写瘦金体，俱有独到。”曾习经以钟繇的《宣示表》作为书法的底子，致力于六朝碑版，旁及唐人写经，对张黑女有独到见解，用笔方中带圆，刚柔兼济，间参以隶意，字体扁平，稳重凝练。所书楹联，字体较小而气势沉着，结体呈横势而宽绰。曾习经所交往的书法家如康有为、梁鼎芬、江逢辰、梁启超、罗瘿公等，对他的书法发展有重大的影响。

曾习经的书法汲取秦汉碑刻敦厚的气息，加强稳重凝练，借助唐

法宋意，产生天真烂漫之趣，并以传统帖学作为基点，在深入到书法艺术表现的深层内容的基础上，另辟新路。细细品味，其用笔、结体都极具个性，骨力内敛，面貌独具，使人感觉到有一股潜在的力量。曾习经将隶书、魏碑、唐楷、行书四者有机结合在一起，开创了碑帖结合的一种新的书体。冲破碑学流风之制约，表现了他非凡的艺术创造力，显示了他高超的艺术才华。清代自乾、嘉以来书家们言必篆隶，言必北碑，但曾习经向我们展示的却是一种蕴涵晋唐风韵、对表层形式的华美较为重视的审美趣味。在一种崇尚北碑生辣雄强的时代风尚下，曾习经独特地选取流美作为自己的风格基础。因此，可以说曾习经取北碑为形骸，而内在追求却是与北碑背道而驰的圆熟与婉媚。曾习经以鲜明的、独树一帜的书法实践，显示出他独特的创造精神；他为清末民初带来的远不只是楷书一种崭新的风格，还有一种新型思维方式，对楷书的创新产生了影响，有先导和促进作用，更有历史的厚度和力度。

曾习经扇形书法

（图片来自孙淑彦．曾习经先生年谱．北京：中国文史出版社，2006）

曾习经为其哥哥述经书写的墓志铭刻石，用笔沉实大度，刚柔相济，结体严谨安雅，从《张黑女墓志》和《龙藏寺碑》中化出，是其得意之作，曾手拓百余份分送亲友。现藏澄海博物馆的临《爨龙颜碑》条屏，虽为“意临”，却神完气足，结体方正，隶楷相兼，章法疏朗，淳朴安雅。而其所临《郑文公碑》，未拘于一点一画，却柔而能刚，大度悦人。广东博物馆有曾习经《黄庭坚诗》条屏，也源于魏碑而参己意，奇欹淡逸，似不经意却极见功力。《蛰庵诗存》一书则是他晚年行书手迹，尤带隶味，俊逸清新，别具一格。曾习经现存的书迹以对联为主，尚有团扇、横额。对联如“独有山茶老于铁，乍拖池柳欲垂丝”和“雨装石画思苔径，夕艺熏炉捣蕙尘”等。他还撰写有《曾习经字帖》。

章士钊有诗说：“二樵不出名天下，蛰庵宦游人罕知。南海潮音动虚牖，十年静写馆坛碑。”由此可见，曾习经研习碑学之良苦用心。

他由《张黑女墓志》诸碑而自成一家风格，可与同时沪上的曾农髯媲美，其灵活之处似优于梁启超。潮汕地区学“黑女碑”等魏碑，能蔚然成风并且出现一些成绩卓著的书家，应归功于曾习经开创潮汕碑学之风气。在他的影响下，潮汕书坛出现了新的群体，一些帖学书家向碑派靠拢，吸取北碑之长，以形成独特的书法风貌。于是，有郭光、丁达夫、许希逸、郑元灏、蔡彦士、黄铭清、林伯虔、曾述经、周子元、郭春华、吴佐熙、陈祺年、丁叔雅等名书家的出现。

四、藏书万卷在湖楼

曾习经喜好藏书，所藏书籍皆署有“湖楼”二字。购买书籍，不喜选本，偏重于全集。编有《湖楼书目》一册，未刊，不见留传。究竟湖楼藏书全盛时有多少册，不得其详。只知在京师和棉湖老家都有藏书。曾习经任职京官时，即不时逛琉璃厂，以薪俸换书，积之日久，架藏自多。得书后，他喜欢随手在书眉上写心得评论。傅增湘《双鉴楼藏书记》中说：

《蜇庵词》书影

（图片来自孙淑彦. 曾习经先生年谱. 北京：中国文史出版社，2006）

> 刚甫殁后，其夫人挽余拾料遗箧，藏书万卷，多手自辑补，每轶皆经点勘，卷头纸尾，丹墨烂然。

曾习经所藏之书其中善本、罕见本很是不少，如明成化邱琼山刊《张曲江集》，白眉，白锦纸，蓝印本，甚为精美。此书后归其女婿吴文献，吴曾持此书到上海，有人校之于上海涵芬楼《四部丛刊》所影印明本，觉湖楼所藏本更为珍贵。又如陈兰甫批点本《韩非子》及明万历本《厂库须知》、《千一疏》及木刻《章氏扈书》等，都为罕见典籍。湖楼所藏之书多全集而少选本，曾习经在《昌黎诗抄》一书眉批中说过“予向不爱选本诗文，顷偶于地摊上买《昌黎诗抄》一册，亲与线装，不觉失笑”。并题诗云“平生选本不挂眼，偶爱兹编亦太奇；亲与线装完一册，不知闲却已多时”。

曾习经曾一度对版本目录学达到痴迷程度。伦哲如在《辛亥以来藏书纪事诗》中回忆与曾习经谈版本的话：

壬寅（1902），余初至京师，值庚子兵后，王府贵家，储书大出。余日游海王村隆福寺间，目不暇给，每暮，必载书满车回寓。始识潮阳（应为揭阳——引者注）曾主事习经。曾嗜书，癖过余，客至，偶谈及书，神态飞动，论议飙起，且谈且从架上取书作证。一书未了，又及其他，口与手与足无少停。客渐倦，犹强聒不已。客起欲辞，再三留，不得去，人以是为厌，相戒勿与谈书。而余最乐此。时余居烂麦胡同，曾居绳匠胡同（即丞相胡同），相距不百步，每造访，必留共饭，食老米，不下咽，馔亦不适口。饭后，饮所称工夫茶者，杯极小，湿仅沾唇，余绝不识其味。入夜，谈益纵，赏奇析疑，恒至漏四下乃别。别时，必挟书数册归，或读，或抄，或校，再访时，挟还之，如此数月。后余迁居东城，过从遂疏。又后数年，重来京师，曾官已贵，收储更富，惟当年兴趣略减矣。

其入迷已为常人所不理解，以至“人以是为厌”。这位以版本学名世、曾被邀请为日本校勘古籍的伦哲如还在自己的书中提到：

余壬寅来京师，多从君（指曾习经——引者注）借书读。君喜谈版本，暇则偕游琉璃厂，随所见谆谆指示，余之癖于此，由君引之也。

曾习经辞官后蛰居杨漕，窘于生计，不得不出让部分书籍。他谢世后，梁启超等诸好友考虑到其家人的生活，也还准备将湖楼存书出售。1927 年 12 月 3 日，梁启超写信给江庸，托他向东方文化会介绍购买湖楼藏书；又致函王式通、傅增湘等，请帮助疏通。后因种种原因，东方文化会没有购买。叶恭绰又嘱伦哲如清理湖楼藏书，计存“数十簏”，拟联合几位老朋友集资 7 000 元全数购下，因筹款迁延几年，曾习经的亲戚陈某竟将湖楼藏书悉数贬值卖给琉璃厂翰文斋。在抗日战争期间，为了避免棉湖所遗存藏书遭战火焚毁，曾习经后人将藏书装成两木船运离棉湖，其后下落不明。湖楼的藏书也就此烟消云散。正如徐信符所记载的：

式微式微胡不归，胡国原有首阳薇。湖楼万卷皆星散，抱节何曾叹昨非。

参考文献

1. 孙淑彦. 丁日昌先生年谱. 哈尔滨：黑龙江人民出版社，2006

2. 孙淑彦. 岭东人文考论. 北京：中国文联出版社，2000

3. 黄赞发. 潮汕先民与先贤. 汕头：汕头大学出版社，2000

4. 黄赞发等. 潮人探奥. 广州：广东旅游出版社，1989

5. 陈泽泓. 潮汕文化概说. 广州：广东人民出版社，2001

6. 李开文，刘霁堂. 自强不息：广东潮汕人的胆气. 广州：广东人民出版社，2005

7. 陈泽泓. 广东历史名人传略续集. 广州：广东人民出版社，2004

8. 张磊. 丁日昌研究. 广州：广东人民出版社，1988

9. 赵春晨. 晚清洋务巨擘：丁日昌. 广州：广东人民出版社，2001

10. 黎庶昌. 曾文正年谱. 北京：商务印书馆，1964

11. 陈竞飞. 方耀传奇. 北京：中国文史出版社，2004

12. 林凯龙. 潮州老屋. 汕头：汕头大学出版社，2004

13. 赵春晨，陈历明. 潮州百年履痕. 广州：花城出版社，2001

14. 杜松年. 潮汕大文化. 北京：中国科学技术出版社，1994

15. 普宁市地方志编撰委员会. 普宁县志. 广州：广东人民出版社，1995

16. 普宁县地方志编撰委员会. 普宁掌故. 1990

17. 饶宗颐. 潮州志. 艺文印务局，1949

18. 黄素龙. 诗笔瑰丽的岭南名家：曾习经. 揭阳社科，2011（1）

19. 陈雪峰. 近代诗人曾习经. 潮州日报，2009－09－16

20. 孙淑彦. 曾习经先生年谱. 北京：中国文史出版社，2006

21. 曾益新. 清末民初著名诗人曾习经. 揭西县政协工作委员会. 揭西文史（第8辑）. 1993

22. 范耀登. 近代岭南著名诗人曾习经. 潮汕历史文化研究中心，汕头大学潮汕文化研究中心. 潮学研究（第6辑）. 汕头：汕头大学出版社，1997

23. 黄挺. 饶宗颐潮汕地方史论集. 汕头：汕头大学出版社，1996

24. 孙淑彦. 乡邦人文. 汕头：汕头大学出版社，1995

25. 温丹铭辑. 潮州诗萃. 吴二持，蔡起贤校点. 汕头：汕头大学出版社，2001

26. 黄赞发. 从叩齿古寺的传说说开去——谈韩愈、大颠的交谊与儒释相融. 潮州市“韩愈与潮州”学术研讨会论文集. 2004

27. 蔡海钦. 唐灵山寺大颠通宝禅师. 潮学研究（第11辑）. 2004

28. 吴勤生，林伦伦. 潮汕文化大观. 广州：花城出版社，2006

29. 陈维烟. 潮汕名人与故居（第一辑）. 汕头市政协学习和文史委员会，2006

30. 黄挺. 16世纪潮州士大夫的家族建构与家史重写——以翁万达的举丁翁氏家族为例. 汕头大学学报（人文社会科学版），2005（2）

31. 刘泽煊. “岭南第一名臣”翁万达的民族思想. 广西社会科学，2008（6）

32. 侯福兴. 中国历代状元传略. 北京：中国人事出版社，1998

33. 康学伟，王志刚，苏君. 中国历代状元录. 沈阳：沈阳出版社，1993

34. 广东省地方史志编纂委员会. 广东省志·文物志. 广州：广东人民出版社，2007

35. 吴二持. 潮汕历史上唯一的文科状元林大钦论. 汕头大学学报（人文社会科学版），2009（5）

36. 吴二持. 论潮州状元林大钦的政治追求及其夭折——从“策论似苏”谈起. 广州社会主义学院学报，2009（4）

37. 丁妍. 凤凰、白日、藤萝、诗酒——从诗歌意象窥探林大钦

仕隐之因. 中山大学研究生学刊（社会科学版），2009（2）

38. 陈香白. 潮州文化述论选. 广州：中山大学出版社，1993

39. 陈春声：明末东南沿海社会重建与乡绅之角色——以林大春与潮州双忠公信仰的关系为中心. 中山大学学报（社会科学版），2002（4）

40. 郑智勇. 邹堂郑氏族谱. 潮汕历史文化研究中心揭阳市研究会，1997

41. 郑智勇. 潮学管锥. 兰州：兰州大学出版社，1998

42. 彭妙艳辑订，揭阳市社会科学界联合会编. 郑旻诗文辑存（增订本）. 香港：中华文苑出版社，2010

43. 郑秋国. 揭阳古代名人·郑旻. 咸阳：西北农林科技大学出版社，2007

44. 彭妙艳. 光彩人生的浓重一笔——郑旻对大名的贡献. 潮汕历史文化研究中心，汕头特区晚报. 如今风物冠南方. 香港：艺苑出版社，2002

45. 庄群. “三世尚书”林熙春. 陈泽，吴奎信.《潮汕文化》百期选. 汕头：汕头特区晚报社，1997

46. 陈泽泓. 广东历史名人传略. 广州：广东人民出版社，1998

47. 潘富恩，徐洪兴. 中国理学（第2卷）. 上海：东方出版中心，2002

48. 马楚坚. 族谱对郭之奇抗清死节考的贡献. 中共揭阳市委办公室，潮汕历史文化研究中心. 第五届潮学国际研讨会论文集. 香港：公元出版有限公司，2005

49. 马楚坚. 南明永历阁臣郭之奇忠节考——辨王夫之《永历实录》所记之诬讹. 单周尧. 明清学术研究. 北京：中国社会科学出版社，2009

50. 汪荣宝等. 清史讲义. 上海：商务印书馆，1913

51. 李长传. 斐律史上李马奔真人考补遗. 燕京学报，1931（9）

52. 张星烺. 斐律史上李马奔 Limahong 之真人考. 燕京学报，1931（8）

53. 陈慎. 明海寇林阿凤考. 东方杂志，1934（7）

54. 李珣. 公元16世纪的中国海盗. 明清史国际学术讨论会论文

集．天津：天津人民出版社，1982

55．张维华．明清之际中西关系简史．济南：齐鲁书社，1987

56．张海鹏，张海瀛．中国十大商帮．合肥：黄山书社，1993

57．［美］穆黛安．华南海盗：1790—1810．刘平译．北京：中国社会科学出版社，1997

58．［西班牙］门多萨．中华大帝国史．何高济译．北京：中华书局，1998

59．郑广南．中国海盗史．上海：华东理工大学出版社，1998

60．李亦园，李少园．从闽南华侨诗词看闽南文化的多元一体性．黄少萍．闽南文化研究．北京：中央文献出版社，2003

61．赵尔巽等．清史稿·郑大进传．北京：中华书局，1977

62．吴忠匡总校订．满汉名臣传二·郑大进列传．哈尔滨：黑龙江人民出版社，1991

63．江涛．揭阳古代名人·郑大进．咸阳：西北农林科技大学出版社，2007

64．李剑雄．郑昌时事迹编年．潮汕历史文化研究中心，汕头大学潮汕文化研究中心．潮学研究（第3辑）．汕头：汕头大学出版社，1995

后　记

2010年岁末，接韩山师范学院黄挺教授的电言，暨南大学出版社将以潮汕文化为主题出版系列丛书，内心颇为欣喜。在现在的市场经济条件下，暨南大学出版社乐于出版地方文化丛书，这充分显示了其长远目光。经过磋商，由我们承担《潮汕古代名人》一书的编著工作。

显而易见，这不是一件容易的事情。尽管任何一位历史名人背后都是一段厚重的历史，但任何一位历史名人的生平都不可能完完全全在史书中呈现出来，这就需要我们去研究，去将名人有关的史料发掘和甄别出来，就需要我们付出辛劳，我们还是决定作一次尝试。

我们碰到的第一个问题，就是如何选择对象予以研究、编写。经商定，确定按大潮汕地域概念以清代以前各个不同时期覆盖疆域内的乡贤为对象进行筛选，对各个历史时期较有代表性的人物作了分析，最后入选形成文稿的就是本书24位名人，计唐宋9人，明代10人，清代5人。尽管潮汕在古代有很多历史名人，但我们只能依照我们的标准选取这24人来写。当然，不同的读者会对此产生一些不同的看法，我们无意将自己的标准或者概念强加给别人，正如黄仁宇先生在《中国大历史》的序言中写的一样：我们不是哥伦布，我们没有发现新大陆，我们只是普通的船员，在历史中前行。

本书是在吸纳史学界已有研究成果的基础上，由几位年轻人编写的。唐宋部分由欧俊勇执笔，明代至清初部分由吴孟显执笔，晚清部分由吴忠文执笔，郑智勇最后负责全书的统稿及修改编定。在编撰的过程中，我们参考和借鉴了一些文献，吸收了学术界多位专家学者的研究成果，引用了一些著作和网络上的相关图片，在此，我们对原作者的原创性成果深表谢意！

由于编者水平有限，时间紧促，舛误之处在所难免，敬请读者批评指正。

编　者

2011 年 5 月 31 日